AF378987

HUGO HERNÁNDEZ OVIEDO

TRAS BAMBALINAS

LA HISTORIA DE MI VIDA

Prólogo, edición, entrevistas y recopilaciones:
Karly Gaitán Morales

Cinéma
Éditions

Hernández Oviedo, Hugo
Tras bambalinas. La historia de mi vida / Hugo Hernández Oviedo.
1a ed. –Managua: Cinéma Éditions, 2021.
133p.: 110, fot.

ISBN 978-99964-0-757-4

1. AUTOBIOGRAFÍA. 2. SIGLOS XX Y XXI. 3. HISTORIA
DEL TEATRO. 4. ARTES ESCÉNICAS.

Edición general, prólogo, entrevistas y recopilaciones:
Karly Gaitán Morales.

Diseño, maqueta y diagramación: Arq. Ben Picado.
Fotografías: Archivo privado de la familia Hernández Iglesias.

©Familia Hernández Iglesias.

Impreso en Nicaragua.
Primera edición, 2021.
Edición especial limitada.

 Cinéma Éditions

 @cinema_editions

cinema.editions505@gmail.com

HUGO HERNÁNDEZ OVIEDO

TRAS BAMBALINAS

LA HISTORIA DE MI VIDA

Prólogo, edición, entrevistas y recopilaciones:
Karly Gaitán Morales

Agradezco a Dios por la vida que me permitió llevar al lado de Hugo Hernández Oviedo en un matrimonio de 60 años y por darme la bendición de ver cumplido su sueño al ser publicadas sus memorias en este libro.

Mis hijos, nietos, bisnietos y yo estamos orgullosos de dar a conocer a través de estos escritos su pensamiento y su obra artística, a la que Hugo tanto se dedicó toda su vida con entusiasmo y consagración, pero sobre todo con talento y amor a Dios, a la Virgen de Guadalupe, a la patria, a su familia y al mundo del arte.

Esta obra es una herencia de la memoria familiar y la de un gran artista para las nuevas generaciones de nuestra familia, para sus amigos, mentores y todos aquellos que lo acompañaron con cariño y admiración durante su paso por esta vida. A Dios sea toda la gloria.

Olivia Iglesias de Hernández

Estoy muy agradecida de poder concluir el sueño de mi padre, Hugo Hernández Oviedo, que al momento de su fallecimiento se encontraba escribiendo este libro. No por esa razón este hermoso proyecto tenía que quedar inconcluso porque es un legado imperecedero que se ha consumado al publicar esta obra y, tal como él escribió en sus palabras de introducción: «si me llega la muerte espero vivir por siempre en estas páginas».

Gloria María Hernández Iglesias.

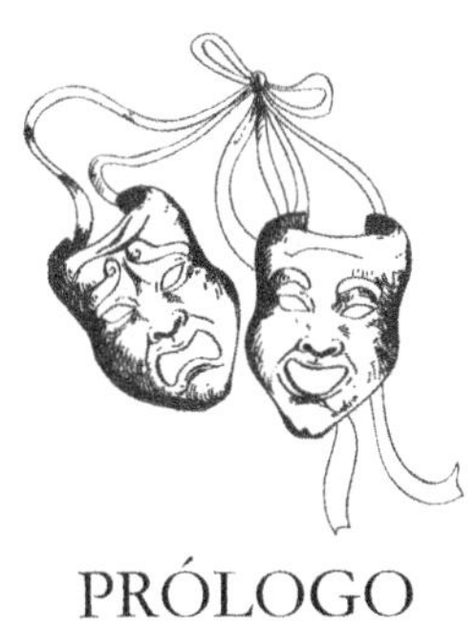

PRÓLOGO

«¡Y DIOS INVENTÓ LA ACTUACIÓN!»

MÁS DE SETENTA AÑOS DE CINE, TEATRO, RADIO Y TELEVISIÓN

A más de setenta años de vida artística, ya que se inició a los siete años de edad, Hugo Hernández Oviedo (1938-2019), quien fue considerado el primer actor nacional, figuró en la corta lista de los grandes actores de Nicaragua en la época de oro a mediados del siglo veinte en el teatro, la radio y los inicios de la televisión.

Participó en una veintena de obras de teatro, series de televisión y telenovelas —protagonista en algunas y actor de reparto en otras—, compuso seis canciones, dirigió tres documentales, escribió tres libretos dramáticos, apareció en decenas de fotonovelas en México, cuando estas eran muy populares en los años sesenta y setenta; actuó en siete películas, grabó siete discos de declamación de poesía, realizó doblajes de cine y radio así como narraciones en *off* para documentales. Y ahora, con el acontecimiento de su muerte, sus hijos han descubierto mientras ordenaban su gran archivo documental, una decena de poemas de su autoría, que por lo tanto habían permanecido inéditos.

Fue también periodista, relacionista público, declamador lírico, dirigente de grupos culturales y asociaciones de artistas o clubes, y articulista de periódicos mexicanos, como los diarios *Excélsior* y *Tiempo,* y la revista *Cine Mundial,* prestigiosa publicación mensual que salió a luz en los años cincuenta y gracias a la impactante demanda de lectores se convirtió en un cotizado diario. También escribió en la página de espectáculos de la revista mexicana *Vedette y Deportes,* en Nicaragua en la revista matagalpina *Vox populi y* en 1981 junto con el periodista Francisco Rivas Quijano fundó la revista *Nicaragua gráfica.* Fue fundador de la radio La Mera Mera, que inició sus transmisiones en 1994, director de teatro y entusiasta promotor de nuevos valores culturales.

Este libro autobiográfico quedó en la mesa de trabajo cuando ocurrió su fallecimiento y rescata de una forma general cómo fue su vida y cómo un hombre nacido en un hogar humilde triunfó en México y en Nicaragua en el difícil mundo del teatro y del cine, entre otras artes. Luego de dos años de reordenamiento, revisión, edición y reescritura del texto original, por fin este proyecto ve la luz.

Su vida de fama y reconocimiento en el mundo cultural lógicamente no fue así desde el comienzo. Nacido en León el sábado 10 de septiembre de 1938 en un barrio pobre y viniendo de una familia sencilla, Hugo consideraba que estaba destinado a ser zapatero toda su vida porque fue el oficio de su abuelo Juan Oviedo y que su padre, Anastasio Hernández Aguilar, había heredado y desempeñado hasta que un día compró unos caballos y las carretas y empezó su trabajo como cochero en la ciudad de León. Su madre, Carmen Oviedo Rosales, también procedía de una familia obrera y se dedicaba a envolver puros en una fábrica tabacalera de Chinandega.

A pesar de no tener como influencia a nadie con el tema de las artes, Hugo Hernández pudo surgir con dedicación y estudios, por lo que sentía que nació artista y todos los acontecimientos de su juventud se fueron dando solos para llegar a ser un actor consumado. Esto le confesó al periodista Mario Fulvio Espinoza (1933-2017) en una entrevista para *La Prensa* publicada el 12 de marzo de 2005: «Yo digo que el artista nace y que después a través de la escuela y del bregar de la vida, se va puliendo. Yo nací artista y lo digo humildemente, porque cuando llegué a aprender el catecismo con el padre Antolín, él me escogió entre los niños más vivarachos para salir en sus veladas a beneficio del desayuno de la primera comunión en mi barrio San Felipe, y al ver mis desplazamientos escénicos me decía que yo le estaba mintiendo, que yo había recibido clases de actuación antes».

Es así como se inició en la actuación, conviviendo con una familia tan pobre que no podía pagar sus estudios y lo único que le podían ofrecer era aprender el oficio de zapatero o tirar de los coches de caballos de su padre y transportar mercancías en carretas de madera con mulas o bueyes. Actuar era una inquietud que la traía desde la infancia cuando participó en la adolescencia como actor principal en la pequeña agrupación local de sociodramas y teatro que se llamaba Compañía de Don Juan Dávila y su Caravana de Estrellas, donde él con sábanas y otros vestuarios improvisados y artesanales hacía sus papeles, destacándose poco a poco en su actuación. Los escenarios de este grupo eran los atrios de las iglesias, dentro de los salones de la casa cural y en las esquinas polvorientas de los barrios o las terrazas de los mercados. Su inteligencia fue reconocida por su tío, monseñor Isidro Augusto Oviedo Reyes, quien pagó sus estudios básicos porque sus padres estaban incapacitados económicamente para darle una educación formalizada.

Este episodio, además de un ejemplo de superación, fue una figura en su vida, como él mismo lo identificaba, porque era venir desde abajo hasta llegar a la cúspide con una carrera como actor muy bien desarrollada primero en Nicaragua y luego en México, donde fue dirigido por teatristas y cineastas cubanos y mexicanos, estando presente constantemente en platós de cine y de televisión. Actuó en una variedad de *spots* televisivos en los dos países para empresas de textiles, restaurantes de franquicias internacionales o para otras compañías financieras como Diners Club, Western Union o DHL.

Fue Hugo Hernández, como describió el periodista Edwin Sánchez en un artículo publicado en *El Nuevo Diario*, un hombre «cuya vida pública transcurrió delante de las cámaras, los micrófonos, los reflectores y los aplausos», mientras a sus pies descalzos en contacto directo con las tablas en decenas de escenarios caían rosas y ovaciones que le lanzaban sus admiradoras desde las butacas.

Al terminar la primaria en León, ingresó en el Hospicio San Juan de Dios a estudiar tipografía. Vivió en León hasta los diecisiete años cuando emigró a Managua en 1955 en busca de mejores oportunidades. Se matriculó en la escuela de comercio del señor Silviano Matamoros para estudiar contabilidad comercial y muy pronto encontró trabajo en la empresa de textiles Nomar. Desde ese puesto en un comercio fue que se inició en la televisión porque su jefe, el empresario Ramón Morales, patrocinaba un programa de títeres en la televisión y lo enviaba primero a supervisar y despúes a llevar los premios de los participantes. Al poco tiempo pasó a dirigir y presentar el programa, fue su primera aparición en la pantalla nacional en noviembre de 1958 en canal 6. Otros de sus oficios consistían en vender pólizas de seguros y como contador en la empresa constructora del Teatro Nacional Rubén Darío o en el Hotel Intercontinental de Managua y en el Instituto Nicaragüense de Seguridad Social.

Casado desde muy joven con Olivia Iglesias procreó seis hijos: Guadalupe Antonio, Hugo de la Concepción, Gloria María, Harold Emerson, Sara del Carmen y Jorge Martín, y quiso continuar con este gusto especial por la representación dramática y después de su trabajo como contador en las oficinas del Distrito Nacional (Alcaldía de Managua), iba en el turno vespertino a recibir clases de locución y declamación con el profesor Julio César Sandoval y a los cursos de actuación con la dramaturga Socorro Bonilla Castellón.

En 1963 se inscribió en el curso de pintura de la Escuela Nacional de Bellas Artes en Managua con el maestro Rodrigo Peñalba, pero cuando caminaba por el área de teatro se quedaba mucho tiempo viendo a los estudiantes y sus prácticas hasta que decidió cambiar y pasarse al teatro con el dramaturgo Alfredo Valessi como maestro. Después ingresó a los talleres de dicción, drama y declamación que el artista Richard Moore impartía en Radio Mundial, medio de comunicación que vivía entonces un *boom* y gran prestigio disfrutando del oro de su mejor época. También fueron sus maestros en esta radio los actores José Dibb McConnell y Archivaldo Arosteguí.

Una vez graduado del curso en 1966, dio sus primeros pasos en la radio leyendo noticias y como maestro de ceremonia de los eventos que se transmitían en vivo. Estudió además declamación lírica en el curso que impartía Manolo Villamil, con quien montó un programa en Radio Mundial llamado «Esta noche contigo», en el que Hugo declamaba poesía romántica. También se presentaba en ese escenario Irene López y su ballet folklórico, con el que actuando como declamador, Hugo la acompañó en toda Centroamérica. Los integrantes del ballet folklórico de Irene López y del coro del padre Mena fueron los primeros artistas nacionales que se presentaron en el escenario del Teatro Nacional Rubén Darío, inaugurado el 6 de diciembre de 1969.

Desplazándose ágilmente en un mundo cultural y con muchas amistades artistas, conoció al dramaturgo Benjamín Zapata, quien lo invitó a interpretar el papel de Capitán en la puesta en escena de *Rafaela Herrera*, la que se convirtió en obra de su debut y que consideraba la «primera obra nicaragüense» en la que participó, cuyas líneas no olvidaría nunca. La obra estaba dirigida por Benjamín Zapata y la declamadora y actriz Juanita Sacasa, quienes en 1958 realizaron un largometraje de ficción en Managua. En 1969 Hugo dirigió el programa de radio «Mano a mano con el pueblo», que se presentaba todos los días a las cuatro de la tarde en directo, con transmisiones desde diferentes puntos de Managua, como los mercados, colegios, bulevares o plazas, entre otros sitios.

1972 fue un año muy ocupado para Hugo en los escenarios nacionales. En abril fue el estreno de la obra *La falda pantalón*, con la que se inauguró el Teatro Experimental en el edificio del Teatro Nacional Rubén Darío; entre junio y agosto participó en el rodaje de *Milagro en el bosque* y en diciembre se estrenó *Chinfonía burguesa*, escrita por José Coronel Urtecho. Trabajaba en el Distrito Nacional como funcionario público mientras participaba en la obra *La falda pantalón*, escrita por Adolfo Calero Orozco y llevada al teatro por Socorro Bonilla Castellón. Los ensayos se hacían en la sala del Teatro Nacional Rubén Darío y fue allí donde se presentó el director Fernando Durán con su asistente, el camarógrafo mexicano Felipe Hernández, a buscar actores para la película que pronto Margarita Álvarez y él filmarían en Nicaragua, a la que llamarían *Milagro en el bosque*.

Ese año durante los meses de junio, julio y agosto se filmó la película que cuenta la biografía y milagros de Santo Domingo de Guzmán. El director, sin hacer casting, eligió a sus actores ahí mismo viéndolos actuar mientras ensayaban, y de ese elenco quedaron clasificados Hugo Hernández Oviedo, Blanca Amador y Ruth Obregón. Hugo tenía entonces casi nula experiencia en el cine, solamente había actuado como extra en el largometraje *Los Caminantes* en 1969, película francesa filmada en Nicaragua.

Milagro en el bosque es un filme que ha pasado a la historia en la cronología del cine en Nicaragua porque en los años setenta no había producción de cine de ficción en el país. Su realización tuvo un costo de 150 mil dólares que para ese tiempo era mucho dinero. El rodaje tuvo una amplia cobertura de prensa en Nicaragua y en México, se trasladaron maquinarias, muchos productores de los sindicatos de actores y de logística de México, además de corresponsales de varios canales de televisión y periódicos que llegaron a cubrir el acontecimiento. Fernando Durán contó con la asistencia de Damián Acosta, el camarógrafo Manuel Tejada y como asistente de cámaras Felipe Hernández.

Entre los actores nicaragüenses que tomaron papeles de importancia figuran Archivaldo Arosteguí como Vicente

Aburto, Blanca Amador como Cirila, Hugo Hernández como Inocente García Lara y Ruth Obregón como Pabla. Actuaron también Alberto Arróliga, Benjamín Zapata, Óscar Henríquez, Xiomara Centeno, Lesbia Espinoza, Auxiliadora Moncada, Domingo Henríquez, Richard Moore, José María Morales, Alberto Valle Norori, Nena del Castillo, Mario Burgos Coronado, Romeo Regalado; los niños Roberto Hernández Martínez, Janeth Orochena, y los hijos de Hugo Hernández: Hugo Hernández Iglesias —que actúa— y Guadalupe Hernández Iglesias doblando la voz del personaje Juliancito. Los extras fueron más de cien nicaragüenses.

También Hugo actuó en otras obras escritas por nicaragüenses, como *Por los caminos van los campesinos* de Pablo Antonio Cuadra, interpretando a Margarito López. La noche del último ensayo y antes de presentarse en su primer escenario, personalmente Pablo Antonio Cuadra se acercó a felicitarlo: «Hugo, así visualicé a Margarito, tal como usted lo interpreta». También el autor reconoció su actuación y le agradeció públicamente en un artículo en el diario *La Prensa* por representar tan magistralmente a su personaje: «El joven actor Hugo Hernández Oviedo es exactamente el Margarito que yo me imaginé cuando escribía *Por los caminos van los campesinos*. No lo hubiera podido interpretar mejor de como lo ha hecho».

Otras de las obras destacadas de los años setenta en la que participó y que fueron muy comentadas y aplaudidas en todas sus presentaciones en el escenario del Teatro Nacional Rubén Darío fueron *Chinfonía burguesa*, *La granja de Gruñenualdo*, *Pinocho*, *La Ratonera*, de Agatha Christie, *Sí, quiero* y *Las cosas de papá y mamá*, en esta última actuó al lado de Pilar Aguirre, quien era considerada la primera actriz nacional.

En esa misma época la dramaturga Socorro Bonilla Castellón había traído a Managua al artista mexicano César Sobrevals para dirigir la compañía a la que llamó Comedia Nacional y él se quedó a vivir en Nicaragua por diez años, hasta 1975, dirigiéndola. Su amistad con este actor fue lo que llevó a Hugo a aventurarse a vivir una vida de artista en México. En Managua, a comienzo de los años setenta, Hugo dirigió con él el programa de televisión «El rancho de Sobrevals» en el canal 2. Sobrevals junto al actor Juan Ángel Martínez (pionero en hacer la versión de «Plaza Sésamo» en español), le ayudaron a abrirse campo en México, a donde emigró en 1975 dejando su trabajo seguro como contador para aventurarse en el mundo artístico. A ese país, además del apoyo de sus dos amigos mexicanos, se fue con una carta de recomendación que le entregó Octavio Sacasa, el director de canal 2.

Trabajó también como secretario y relacionista público de la cantante y actriz mexicana Aída Cuevas y del cantante Carlos Cuevas; del actor Humberto Cabañas y del cantante Eutimio Castillo. Actuó en la fotonovela *Brenda*, que fue muy popular en los años setenta y como periodista entrevistó a muchas personalidades del cine, el teatro y la televisión mexicana, entre ellos Mario Moreno «Cantinflas», la viuda de Pedro Infante, señora María Luisa León, a Vicente Fernández, Paquita la del Barrio, Lucha Villa, Antonio Aguilar, Flor Silvestre, Erick del Castillo, entre muchos otros.

Al recibir la noticia de que se encontraba en México, Fernando Durán, cineasta director de *Milagro en el bosque,* con quien había hecho amistad, lo llamó para actuar en su nuevo filme *Héroes de los mares* en 1978, filmada en Acapulco y compartiendo escenas con el actor brasileño Milton Rodrigues. En los años ochenta hizo contacto con la Asociación Nacional de Actores de México (ANDA) y en 1986 se presentó a un casting en el escenario del Teatro Jorge Negrete para someterse a la aprobación o desaprobación de ANDA y poder ser miembro finalmente. A pesar de ser extranjero fue aceptado para formar parte de este gremio gracias a su trayectoria.

En 1980 actuó en el largometraje *En la tormenta*, producción mexicano-colombiana filmada en Veracruz, dirigida por el poeta Fernando Vallejo. Ese mismo año participó en el largometraje *Maten al león*, de José «El Perro» Estrada, doblando las voces de varios personajes del largometraje. También ese año actuó en *Ángel del barrio*, del mismo director, junto con el actor Roberto Cobo. En 1981 trabajó en *Te solté la rienda* compartiendo actuaciones con Humberto Cabañas.

Por esos años también actuó en algunos filmes rodados en Nicaragua, como el largometraje *Sanctuary. A Film on Refugees*, producción norteamericana, dirigida y producida por James Becket en 1982; y en *El señor presidente*, filmada en Nicaragua y Cuba en 1983 y dirigida por el cineasta cubano Manuel Octavio Gómez. En este filme los actores nicaragüenses no tomaron papeles protagónicos, pero entre los nacionales que participaron su personaje es el de más importancia. Representa a «el coronel de la burrita», un hombre que viene borracho caminando durante la noche por la calle frente a la catedral de La Habana Vieja, halando de las riendas a una burra, cantando y buscando razones para pelear.

Sus escenas fueron filmadas en La Habana y durante su estancia fue invitado a actuar en la estación CMQ Radio Habana, hoy llamada Radio Rebelde. En Nicaragua por ese mismo tiempo actuó en la obra *El nacatamal de oro* del escritor Jesús «Chuno» Blandón con más de cien presentaciones en Nicaragua, Cuba y México. *El nacatamal de oro* participó en 1984 en el III Festival de Teatro Universitario «Lombardo Toledano» de Guadalajara y ganó el premio del primer lugar como la mejor obra satírica. Ese mismo año en Managua hizo las narraciones en *off* del cortometraje experimental *Mas es mía el alba de Oro* del cineasta Rafael Vargas Ruiz.

En octubre de 1987 se presentó en México la obra *Pastel de zarzamoras*, dirigida por Jesús González Dávila, en el Teatro Arquitecto Carlos Lazo, durante la Muestra de Directores Universitarios de la Carrera de Literatura Dramática de la Facultad de Filosofía y Letras de la Universidad Nacional Autónoma de México (UNAM). Debido al éxito que tuvo se puso en escena durante meses en el escenario de La Casa del Lago de Chapultepec. El 20 de marzo de 1988 la revista *Cine Mundial* le dedicó una portada y un amplio reportaje sobre su actuación, expresándose de esta manera sobre su trabajo: «Apoyado en una brillante trayectoria dentro del medio artístico, Hugo Hernández Oviedo considera que su participación en la mencionada obra tiene una gran importancia para su carrera, pues independientemente de que la profesión de actor es un tanto compleja, aquí ha encontrado un gran estímulo sobre todo aquel que se traduce en aplausos y reconocimiento del público que periódicamente acude a ver *Pastel de zarzamoras*».

En 1988 trabajaba como colaborador y reportero de eventos de cine y cultura para *Cine Mundial* e hizo coberturas especiales durante la producción en Nicaragua de los largometrajes de ficción *Sandino*, *Walker* y *El espectro de la guerra* entre 1988 y 1990. En Estudios Cinematográficos Churubusco de México, Hugo grabó el tráiler del largometraje de ficción *El espectro de la guerra*, dirigido por Ramiro Lacayo Deshón. Durante este tiempo actuó en las películas mexicanas

La puerta falsa y *Como México no hay dos*. En 1990 regresó definitivamente a Nicaragua después de compartir con actores, actrices, productores y técnicos del cine en Ciudad de México durante quince años.

En 1993 comenzó a grabar sus discos de declamaciones de poesía de poetas de todos los tiempos; uno de estos dedicado a Rubén Darío, se presentó el 30 de enero de 2001 en el Palacio Nacional de la Cultura. En 1994 en Nicaragua fundó y dirigió la radio La Mera, Mera, que cerró en 2001. En 1995 recibió una beca por la Organización de los Estados Americanos (OEA) con el apoyo del gobierno de México para participar en una serie de estudios radiofónicos en el Instituto Mexicano de la Radio con pasantías en Radio Educación y Radio Universidad.

Ese mismo año la Cinemateca Nacional de Nicaragua, en ocasión de la celebración del centenario del cine, le otorgó la estatuilla Güegüense de Oro como reconocimiento por su vida como actor en el cine; y la Gran Cruz Rubén Darío, otorgada por el Instituto Cultural Rubén Darío de Santiago de Chile. En 1997 dirigió y produjo tres documentales para niños, financiados por el organismo Plan Internacional Nicaragua, estos son: *Homenaje a la madre, Homenaje a la Patria* y *Navidad en Nicaragua*. Los niños participantes eran miembros del Círculo Infantil de Televisión de la Asociación Comunitaria Augusto César Sandino (ACACS).

En los años de la Revolución Popular Sandinista participó en algunas películas filmadas para la televisión, como *Las mujeres del Cuá* en 1979, producida por el Sistema Sandinista de Televisión Nacional, con un libreto que él escribió especialmente para los niños del reparto Colombia, *Por aquellos años* en 1983 y *Pirámide* el mismo año, filmada en México y

Nicaragua, financiada por el político Tomás Borge. En 1982 actuó en el papel estelar de la película *Secuestro* e hizo otros papeles en los filmes *El agiotista* y *No es ella, es él.*

Durante veinte años fue colaborador de los diarios nicaragüenses *La Prensa* y *El Nuevo Diario* con noticias y críticas de teatro. En 2005 actuó en las recreaciones dramatizadas del documental *El pescador*, de Tierre Vogler, donde representa a un pescador y comparte escenas con la niña Katia Carballo y Morena Guadalupe. En 2007 actuó en el cortometraje *Orión* dirigido por Rafael Ruiz, que se filmó en el escenario del Teatro Nacional Rubén Darío. En 2009 caracterizó al filósofo Anaximandro y a la vez al personaje de Homero en la obra *Todo tiempo fututo fue mejor* escrita por el filósofo nicaragüense Alejandro Serrano Caldera y dirigida por Socorro Bonilla Castellón.

En 2010 participó en cuatro capítulos de la serie de cuentos de Pancho Madrigal, un personaje que fue creado para radio, pero se adaptó a la televisión en una docena de cortometrajes de ficción. Durante los mismos meses se destacó su trabajo en el filme *The first*, largometraje de ficción hablado en inglés, dirigido por el cineasta español Jacobo Rispa con idea original de Guadalupe Hernández Iglesias, su hijo, quien se ha destacado como actor y productor de televisión en Miami, Florida. En la producción también trabajaron su nieto Larry Emerson y el cineasta Germán Pomares Herrera, que estaba escribiendo el guion con revisiones de Jacobo Rispa. También Hugo Hernández interpretó un personaje en el filme *Ruteados*, dirigido por Álvaro Cantillanos, Joel Molina y Tomás Arce.

En esta misma década representó algunos personajes en dos series de televisión: *Sexto Sentido* y *Contracorriente*, en la primera como Memo, el amigo de la familia principal y en la segunda como el abuelo (compartiendo escenas con las actrices Georgina Valdivia «Lupita» e Ivonne García). No solamente se ha destacado en los últimos años en actuaciones en teatro y televisión, sino como autor de los libros publicados por la Alcaldía de Managua *Memorias de mi barrio: Monseñor Lezcano* y *Memorias de mi barrio: Santa Ana,* como recopilador, escritor y editor. En el libro de memorias *60 años de Radio Mundial* aparece un escrito suyo de doce páginas que narra sus experiencias en esta radio en los años sesenta y setenta y la importancia de esta emisora en la cultura nacional y en su vida artística.

En febrero de 2016 viajó a Estados Unidos para la presentación de la obra de teatro *Rubén Darío: vida, obra, agonía y muerte,* en la que actuó junto a sus hijos Sara y Guadalupe Hernández Iglesias. La obra es una adaptación de fragmentos del libro *La dramática vida de Rubén Darío,* del investigador y más completo biógrafo de Rubén Darío, Edelberto Torres, dirigida por Christina Ocón, con libreto de Miriam Benard, originaria de Managua. La Compañía de Teatro Nicaragüenses en Miami la puso en escena la noche del 6 en la fecha exacta cuando se cumplían los cien años del fallecimiento de Rubén Darío y por esa razón la obra inicia con su muerte y velorio. La fecha del 13 de febrero también fue elegida a propósito para conmemorar el día cuando fue enterrado el poeta en León. El estreno se hizo en el auditorio del Miami Senior High School con un público de 1 mil 500 personas.

El elenco está compuesto por actores de diferentes nacionalidades, entre estos los nicaragüenses: Miriam Benard como la tía Bernanda, Hernán Cortés Jr., como Rubén Darío (asombra el parecido de este actor con el poeta), Marlene Martín como la señora Venicia, Martha Lizana, cantante del coro, Luis Salomón Morales como el coronel Félix Ramírez y en escenas posteriores como Adolfo Díaz, el presidente de Nicaragua en 1916. También Guadalupe Hernández como el poeta Santiago Argüello, Sara Hernández Iglesias como una campesina que declama *A Colón*, Octavio Gallardo como un maestro que dialoga con Rubén y hace del lobo en la recreación del poema *Los motivos del lobo*; Hugo Hernández actuó como monseñor Simeón Pereira y Castellón, quien le da los santos óleos a Rubén en el momento de su muerte y le acomoda el crucifijo que este tenía en sus manos, obsequio del poeta Amado Nervo. En otras escenas Hugo interpretó a Octavio Torrealba, declamando la oda *A Roosevelt*. La obra dura cien minutos, sin intermedios, a propósito de los cien años de muerte que se conmemoraban.

Las celebraciones del centenario de la muerte de Rubén Darío en el Estado de Florida fueron realizadas por nicaragüenses, como el profesor Héctor Darío Pastora, presidente del Movimiento Mundial Dariano con apoyo de la Alcaldía de Miami. Ellos entregaron a Hugo Hernández la Medalla del Centenario de la Inmortalidad de Rubén Darío, que recibió de manos del alcalde de esa ciudad, Tomás Regalado, en un acto celebrado en los salones de protocolo de la alcaldía.

Hasta el momento de su muerte, sin ánimos de retirarse de la vida cultural, Hugo Hernández tenía una vida activa como director del grupo de teatro que lleva su nombre, cuyos integrantes son otras personas adultas mayores, valiosos elementos como él que integran el Círculo Literario del Adulto Mayor (CLAM). Su elenco estaba formado por Elías Bonilla, Lesbia González, Haydée Cano, Freddy Triana, Julio Martínez, Francisco López Soza, María Isabel Espinoza, Tania Dávila, Reybil Cuarezma, Markgee García y Marina Ramírez.

Mientras escribía las obras y dirigía a los personajes, Hugo impartía clases de actuación, dicción, declamación y expresión dramática y era quien a la vez buscaba el financiamiento y los espacios para presentarse. Su grupo puso obras en escena en diferentes ciudades del país y festivales como el Festival de Teatro de la UCA; de la Escuela Nacional de Teatro Pilar Aguirre; en distintas ediciones del Festival Internaciona de Poesía de Granada (Nicaragua) o haciendo participaciones en eventos cívicos de las alcaldías, bibliotecas y otras instituciones estatales.

Como lo expresó en una entrevista realizada dos años antes de su muerte a la autora de este prólogo, en la que veía en perspectiva su trayectoria de más de setenta años en el mundo del arte, fueron el teatro y el cine quienes le salvaron la vida y por los que daba «gracias a Dios por haberlos inventado».

Karly Gaitán Morales
Editora
Managua, 2021.

INTRODUCCIÓN

Amables lectores:

Con esfuerzo y constancia se puede lograr lo que uno se propone. Hago constar que tengo 79 años de edad[1] y es mi deseo plasmar todas las facetas de mi carrera artística, pero eso sería posible realizarlo en varios libros donde detallar por separado mi participación en radio, teatro, periodismo, televisión, cine, grabaciones de discos de poemas latinoamericanos y de Nicaragua, sin faltar nuestro Príncipe de las Letras Castellanas, Rubén Darío; y mi faceta como director de documentales con niños y director de comedias teatrales con adultos mayores.

Para lograr mis actividades culturales siempre he estado en la lucha y en la búsqueda de la perfección para llegar a la meta del triunfo.

Por todo lo antes expuesto tengo que hacer un resumen para exteriorizar lo más relevante de mi vida e historia artística.

Doy gracias antes de todo a Dios por haberme dado una larga vida pese a que, como les contaré en este libro, casi morimos mi madre y yo cuando se daba el acontecimiento de mi nacimiento.

---

1   Texto escrito en 2017 cuando Hugo Hernández tenía esa edad.

Gracias igualmente a mi familia: mi esposa Olivia Iglesias y mis hijos Guadalupe Antonio, Hugo de la Concepción, Gloria María, Harold Emerson, Sara del Carmen y Jorge Martín por ser personas buenas que me han demostrado su amor desde muy pequeños.

Gracias al valioso apoyo de la periodista Karly Gaitán Morales porque ha reunido mis textos, me ha entrevistado con paciencia y ha escaneado cientos de fotografías y documentos de mi archivo histórico, que es inmenso pues llevo más de medio siglo recopilando materiales dignos de ser archivados; me ha ordenado los materiales, me ha explicado cómo organizar este libro y ha sido mi recopiladora y como yo le llamo, mi «biógrafa» oficial. Es solo de sus manos que deseo que salga este libro un día al público y sé que en ella está bien resguardado.

Gracias a muchos amigos que me ayudaron a recrear mi historia, por sus consejos en el arte de la escritura. Gracias por su amistad al arquitecto Luis Morales Alonso por cederme un espacio para trabajar como director de teatro en estos años cuando yo ya debería estar retirado por mi edad, pero por suerte elegí para mi vida una carrera de la que uno nunca se jubila. Estoy agradecido con mi amiga, la licenciada Elisa del Rosario Chavarría Casaya por ayudarme a levantar el texto de una parte de mi libro. Gracias al profesor Fernando Vallejos Suárez por sus entrevistas y admiración, por ayudarme a recopilar mis recuerdos, a mi nieta Brenda que me apoya con el uso de mis archivos en la computadora y al incentivo de todos los que me conocen y me han instruido y con sus entrevistas me han aflojado las neuronas para sacar desde el fondo de mí los recuerdos más profundos; entre estos amigos los periodistas Martha Cecilia Ruiz y Mario Fulvio Espinoza, que tristemente ya nos dejó.

Este libro lo estoy pensando desde el año 2001 a mis sesenta y tres años, cuando terminé mi trabajo en la radio La Mera Mera, que fundé y dirigí, y al cerrarla decidí dedicarme a escribir mi vida. Aunque mis recuerdos son bastante fieles gracias a mi memoria que he tenido como actor para aprenderme los largos libretos y diálogos, he necesitado de la asistencia de mi archivo personal y buscar entre lo que yo llamo «mis papeles» me toma hasta varios meses para hallar datos exactos, por lo que escribir mi obra biográfica ha sido un trabajo de años. Todavía mi archivo no tiene un catálogo, pero espero en el futuro contratar a un historiador que me ayude a poner orden a lo que yo llevo ordenado en mi mente.

Poco a poco fui reconstruyendo mi historia con recortes de periódicos, revistas y fotografías que avalan el testimonio de mi verdad para usted amable lector y apreciable familia, con el corazón en la mano y mi sincero agradecimiento.

Esperando sea del agrado de ustedes.

Hugo Hernández Oviedo
El autor y su servidor

LA TRASCENDENCIA DE ESTE LIBRO

TRAS BAMBALINAS

Tomo de Dios su humildad, pidiéndole bendiciones para el éxito de este libro; tomo el ejemplo de los mejores actores y directores teatrales; tomo del aire la esencia de las flores y tomo de mi vida el canto y el amor a la justicia y a la verdad.

Amable lector, ahora que tienes en tu poder mi testimonio te vas a enterar de mi verdad; este es el tránsito de mi existencia con recuerdos de infancia y mis actividades en el teatro, la radio, la televisión, el cine y mis notas periodísticas.

Con el contenido de este libro deseo seguir viviendo, pues todo tiene su fin; se empieza a morir desde el momento mismo de nacer; el ser humano muere a cada minuto, a cada hora y la naturaleza nos hace reflexionar cada noche que nos metemos a la cama, cuando insospechadamente realizamos un ensayo del misterio de la muerte; por eso pienso que si me llega la muerte espero vivir por siempre en estas páginas.

EL DESTINO ME TENDIÓ
UNA TRAMPA AL NACER

Cuando estaba por nacer me acompañó la muerte. Resulta que el médico que atendió a mi madre en el parto, nervioso y alarmado, le dijo que yo estaba de pie y mal acomodado y no en forma natural, que todo bebé nace de cabeza, que para evitar la inevitable muerte de mi madre la solución era mutilar a la criatura y sacarlo en fragmentos. Mi mamá, Carmen Oviedo Rosales, angustiada y con llantos incontenibles, le suplicó al médico: «Por amor a Dios, mi hijo debe nacer, no lo mutile, doctor. En todo caso prefiero morir», concluyó aterrorizada mi madre.

Mi padre, Anastasio Hernández Aguilar, me platicaba con nostalgia que el día viernes 9 de septiembre de 1938, fue por la tarde que mi mamá sintió los preliminares dolores del parto, con premura mi papá buscó a la partera del barrio San Felipe en mi cuidad, León. La comadrona realizó las diligencias del caso; pasaron las horas y todo era imposible, llegó la noche y luego la madrugada del sábado. Fue en ese momento que la comadrona se declara incompetente de su trabajo, pidiéndole a mi papá que era mejor buscar urgentemente a un médico ya que mi mamá había perdido todas sus fuerzas y estaba completamente agotada.

Mi padre fue corriendo donde el doctor José Antonio Montalván y como un milagro de Dios, a las seis de la mañana de aquel sábado 10 de septiembre de 1938 y con las súplicas de mi adorada madre, el médico, tras muchas diligencias dolorosas, logró extraerme sano y sin mutilaciones. Fue cuando yo lancé mi primer llanto al ver la luz primera del teatro de mi vida.

Me siento muy orgulloso de haber nacido en León y en cuna humilde ya que mis padres conformaban una pareja amorosa que compartía un hogar muy pobre, ubicado de la iglesia San Felipe, dos cuadras al este y media cuadra al norte; mi papá se ganaba la vida trabajando como conductor de un coche tirado por dos caballos y mi madre confeccionando puros.

MIS PRIMERAS LETRAS

Y EL NOMBRE ARTÍSTICO DE MI DEBUT
A LOS SIETE AÑOS

Inicié mis estudios infantiles con la maestra del barrio, señorita Hortensia Pérez, quien además de impartir clases, elaboraba cometas, algunas veces fui favorecido con uno de ellos en calidad de premio por mi comportamiento de niño estudioso en las primeras letras. Posteriormente pasé a estudiar bajo las instrucciones de la señorita Manuelita Osejo, encantadora por su calidad humana: era de pequeña estatura (enana de nacimiento), que además de impartir clases de primeras letras, se ganaba la vida bordando enorme manteles y sobrecamas; era muy católica y todos los jueves, acompañada de sus pequeños alumnos, visitábamos la imponente catedral de León para venerar al Santísimo.

Ya adolescente me dio clases de dibujo y declamación el profesor Napoleón Tercero, cuya esposa, Anita de Tercero, realizaba en el mes de diciembre de cada año las Pastorales, donde todos los personajes: José, María, los ángeles, los Reyes Magos, un recién nacido era el niño Jesús, los pastorcitos éramos los chavalos y jóvenes del barrio; todos recorríamos las calles en tan elocuente forma de conmemorar el nacimiento del Rey de Reyes. Le salí bien católico a mi mamá desde chiquito y ella estaba muy contenta y orgullosa de eso. Así que todos los años mi madre me compraba anticipadamente mi atuendo de pastorcito que llevaba una oveja confeccionada en algodón.

Al transcurrir el tiempo, recibí clases de primer y segundo grado con el bien recordado profesor Isaac Ruiz y su hija, la profesora Amelia Ruiz, no se me olvida que cada sábado era el día de prueba para calificar la calidad de nuestros estudios de ciencias, civismo, geografía, historia y debíamos memorizar todo, incluyendo las tablas de multiplicar, dividir, sumar y restar.

Corría el año 1945, había cumplido seis años de edad, fue cuando entré a estudiar catequesis, preparándome para la primera comunión con monseñor Antolín Carvajal y Rocha, responsable de la iglesia de San Felipe.

Varias monjas, profesoras y monseñor Carvajal y Rocha nos señalaban los deberes religiosos: debo aclararles que todos los niños éramos hijos de familias pobres, por su parte monseñor pensaba realizar un buen desayuno para el día de la primera comunión, pero no había recursos económicos, razón por la cual al reverendo se le ocurrió presentar veladas culturales con bailes, canciones y comedias cortas, cuyos artistas serían los mismo niños.

Fue así que seleccionó a los que sabían bailar, cantar y los vivarachos que podían memorizar, entre estos últimos quedé para las comedias cortas y de pronto sentí que se despertó en mí el artista que llevo escondido en mi ser, para surgir como niño actor.

Todos los sábados a las cuatro de la tarde se efectuaban las veladas al costado norte de la sacristía de la iglesia, donde acudía un buen número de público integrado por nuestros padres, hermanos y familiares, pagaba cada uno diez centavos para admirar y aplaudir a los niños artistas. De esa manera se pudo recaudar el dinero suficiente para el rico desayuno de la primera comunión y yo logré mi debut como artista infantil. Mi mamá estaba feliz por mí. Me hacía muy feliz la felicidad de mi madre. Le hacía ilusión tener un artista en la familia.

Se me olvidada un dato importante de cómo mis padres me asignaron mi nombre. Cuando estaba recién nacido me llevaron a bautizarme con los nombres: Hugo Efraín, Nicolás Hernández Oviedo, pero durante los ensayos con monseñor Antolín, él se encargó de desvirtuar el sacramento y me «encajó» el sobrenombre de «Payinquín», del que logré despojarme con documento firmado por un abogado después cuando me trasladé a Managua.

TODA LA FAMILIA HEREDÓ EL OFICIO DE LOS ABUELOS:

YO DECIDÍ IRME POR LA PUERTA DE ENFRENTE

Juan Oviedo nació en Chinandega, era mi abuelo materno, quien había heredado de sus antepasados el noble oficio de zapatero; y mi abuela materna, Narcisa Rosales, elaboraba con el tabaco puros para fumar. Habían procreado una familia numerosa que por tradición estaban obligados a aprender el oficio de los abuelos: los varones a trabajar con la lezna, el cuero y las tachuelas; y las mujeres a desvenar, peinar, enrollar y pegar hojas de tabaco.

La casa estaba dividida en dos partes: a la derecha iban los hombres con sus martillos y pegamentos y a la izquierda iban las mujeres con sus mesas y delantales de trabajo. Llegaría un punto de mi vida en que yo debía elegir si iría hacia la derecha a seguir el camino de los hombres de la familia —ir a la izquierda no era opción para un muchacho varón como yo porque se consideraba lo de los puros un oficio para mujeres— o seguir de frente en la puerta de la salida a la calle y quebrar mi destino al buscar otra cosa para ganarme la vida.

Afortunadamente pude escaparme de esa tradición, pero para complacer a mis abuelos y a mi madre, aprendí a confeccionar zapatos elaborados a mano y mi tío Bernabé me enseñó el oficio de zapatero. Pero no es verdad que yo fui zapatero como muchos periodistas han dicho, en mi vida solo hice un par de zapatos que me costó mucho y pasé dos semanas haciéndolo, mientras los hombres más experimentados hacían un par de zapatos completo en un día y medio. El par de zapatos que yo hice no sé si resultó en éxito porque no conocí al «afortunado» o «desafortunado» que los tuvo que usar.

Al dejar por sentado a la familia que lo mío no era ninguno de los oficios tradicionales, continúo con mis estudios de primaria en la escuela Simón Bolívar, ubicada de la esquina suroeste del parque de la iglesia de La Merced media cuadra al oeste, donde recibí clases con el poeta Octavio Quintana González y la señorita Irma Ligia Madriz. Comparto un hermoso recuerdo poético de mi maestro Octavio Quintana González:

A LA PATRIA

A la patria que grande deseamos

vamos todos buscando el saber,

vamos todos buscando las luces

que siempre nos hagan valer.

Ansias nobles nos vengan al pecho

y aliento nos den de estudiar,

que los maestros nos guíen por sendas

donde el bien se proponga a triunfar.

No acojamos las malas pasiones y que venga la fraternidad

Nicaragua por siempre es grande y la gloria debemos de dar.

El maestro nos hizo aprenderlo de memoria para incentivarnos el amor a la patria, para saber desde muy pequeños que amar el país y lugar donde nacimos debe ser uno de los primeros valores de un ser humano.

También estudié en la escuela Rosa Sarmiento del barrio San Felipe y mi maestra fue la señorita Argentina Hernández; posteriormente fui favorecido con una beca de estudios en Beato Salomón, beca patrocinada por monseñor Augusto Oviedo y Reyes, mi primer mecenas. Dios me lo puso en el camino, así como me puso a muchas otras personas de las que van a conocer ustedes.

TRISTES RECUERDOS DEL CERRO NEGRO

Del 12 al 24 de julio de 1947 el volcán Cerro Negro lanzaba ceniza, piedras y lava; destruyó los cultivos de los campesinos que vivían cerca del cerro, fueron días terribles, se suspendieron las clases en el instituto y las escuelas. Los pobladores de los sectores de Lechecuagos y Malpaisillo se vieron obligados a hacer peregrinación para buscar lugares más seguros. En la cuidad de León los habitantes limpiaban los tejados, barriendo enormes cantidades de arena para evitar que se derrumbaran las casas.

Yo estaba muy chiquito y todo aquello no me daba miedo. En la iglesia nos hablaban del poder de Dios y en geografía habíamos aprendido que los volcanes algún día estallan. No pensábamos los niños que el Cerro Negro nos iba a hacer cosas terribles porque el volcán era como el orgullo de nosotros, teníamos un paisaje muy hermoso con los volcanes que se ven desde las cercanías de León y no era posible que de una hermosa montaña saliera fuego, cenizas y ese líquido mortal. Recuerdo el cielo oscuro, a las personas pasando con mantas en la cara protegiéndose los ojos, las iglesias listas para la oración y pidiéndole a Dios que pudiéramos sobrevivir y que no pasara como la primera ciudad de León que fue destruida por una erupción.

NOBLE EJEMPLO DE AMOR AL PRÓJIMO

A raíz del problema del Cerro Negro, monseñor Augusto Oviedo y Reyes, donó tierras que tenía en los hervideros de San Jacinto —ubicados entre Malpaisillo y Telica—, donación que fue para favorecer a los campesinos con sus familias, que buscaban estar más seguros y así establecerse, ya que estas tierras están en un lugar estratégico donde no caía arena pues el cráter del volcán estaba en sentido contrario.

Debo aclarar que a la donación de estas tierras por monseñor Oviedo y Reyes nunca se le dio publicidad, ya que el obispo nunca permitió se diera a conocer esa obra altruista en momentos desesperantes que los angustiados campesinos experimentaron en carne propia debido al flagelo de la naturaleza; problema que finalizó a base de oraciones del pueblo católico.

Por este gran milagro, el obispo Oviedo y Reyes se reunió con la congregación de Hijas de María y acordaron celebrar la Gritería Chiquita, esto como un acto de penitencia, que se viene efectuando a partir del 14 de agosto de 1947. Yo estoy absolutamente convencido de que solo Dios nos salvó de ese mortífero volcán.

ORIGEN DE LOS OVIEDO EN NICARAGUA

Recuerdo que se armaba una polémica entre monseñor y su hermano, el doctor Alfonso Oviedo y Reyes, magistrado de la Corte Suprema de Justicia: «Hijo mío», decía el obispo, «los Oviedo venimos del periodista Oviedo que vino a Nicaragua durante la Conquista». «No, monseñor, usted está en un tremendo error. Nosotros los Oviedo somos descendientes de un pirata español que entró por El Realejo y se enamoró de una nativa». «No puede ser», decía el buen obispo para terminar con el consabido sermón, «un Oviedo, aunque sea pirata, ladrón, asesino, santo, casto y puro, es un Oviedo, porque es la meta de nosotros, y hay que defenderlos y ayudarlos».

Mi hermano, Juan de Dios Oviedo y su señora, Angélica de Oviedo, me brindaron su valiosa ayuda para patrocinarme los estudios contables en la Escuela Mercantil Silviano Matamoros de la ciudad de León, donde coroné mis carrera de Tenedor de libros; mis estudios contables fueron paralelos con mis aprendizajes de tipografía, encuadernación y técnico en confeccionar sellos de hule en el hospicio San Juan de Dios, dirigido por los Hermanos Cristianos de la Salle. Mi hermano y su esposa fueron los segundos mecenas de mi vida que Dios me puso en el camino.

Cuando salía del hospicio todos los días a las cinco de la tarde, me daba tiempo para la tanda de las cinco y treinta en el teatro Teresita para ver películas de México y de Estados Unidos, de todo género y, como yo quería ser artista, me fijaba en los movimientos corporales, desplazamiento en escena, inflexión y entonación de voz; también me fijaba en los estados anímicos del dolor, la risa, la angustia, el terror, la alegría, etc.

Cuando llegaba a la casa, en los ratos libres, frente a un espejo grande trataba de imitar las actuaciones de Arturo de Córdova, Jorge Mistral, Pedro Armendariz, Clark Gable, César Romero, Robert Tylor, Burt Lancaster y otros. Para finales de noviembre y principios de diciembre de 1954, en los diarios *La Prensa, Novedades* y *La Noticia*, anunciaban la llegada a Managua del popular cantante mexicano Pedro Infante y el Mariachi Vargas de Tecalitlán Jalisco, informando que el debut sería en el teatro Margot de Managua el 28 de diciembre a las siete de la noche; y que se hospedaría en el Lido Palace Hotel de Managua.

Ante aquella noticia, me trasladé a Managua con el deseo de admirar a Pedro Infante en persona. Me hospedé en casa de mi hermano Juan de Dios Oviedo que vivía en la calle Colón, del teatro Alameda, media cuadra al este, en el salón de refrescos Angeluz, pero mi mayor sorpresa fue que en la cartelera del Alameda se anunciaba que Pedro actuaría el sábado primero de enero de 1955 a las siete de la noche.

Llegó el día esperado, compré mi boleto y acudí a la actuación de Infante, que inició cantando el tema de moda de ese momento *Flor sin retoño*, luego *Cien años* y otras, finalizando con *Tú, solo tú*, que la interpretaba imitando a un borracho con el cabello desgreñado, el lazo suelto y la camisa de fuera.

El público gritaba y aplaudía lleno de júbilo por el espectáculo que había presenciado y poco a poco fueron saliendo los asistentes. Yo me dirigí a donde se encontraba Pedro, detrás de la pantalla, y saltando butacas llegué al cuarto triangular donde vivía el guarda del teatro. Pregunté a uno de los mariachis «¿Dónde puedo ver a Pedro?», «se está vistiendo», me dijo —la verdad es que Pedro se estaba haciendo el lazo y metiéndose la camisa y arreglándose el cabello— cuando lo vi me sonrió. Al instante le dije que si me podía dar una foto y que yo no me perdía ninguna de sus película y sus discos. Me contestó: «gracias, joven, por tu aprecio, de momento no tengo foto, pero no te preocupes». En ese instante llamó a uno de los integrantes del mariachi y le dijo: «Oye, Lino, encárgate de este joven. Cuando llegue mañana al hotel, lo haces pasar para darle una foto». Emocionado le entregué una pequeña libreta y mi pluma fuente, Pedro inició a escribir pero no pintaba la pluma, hizo otro intento y logró hacer una ene y luego escribió: «Un recuerdo afectuoso de Pedro Infante». Tanto el papel como la foto los guardo como un recuerdo del artista.

El domingo 2 de enero de 1955, muy temprano me encaminé al Lido Palace Hotel, había mucha gente, tanto en la calle frente al hotel como en las escalinatas, por esta razón miembros del Cuerpo de Bomberos resguardaban el orden de la multitud y la contenían con cables. A como pude, subí las escalinatas de la parte este del hotel, pero no me dejaron pasar. En esos momentos sube rápidamente Pedro Infante, que venía de la misa dominical de catedral. Pasó a mi lado, logré apreciar que vestía pantalón azul, chamarra a cuadros blancos con tonos azul. En ese instante miré a Lino Briceño, el mariachi que Pedro le recomendó que me ayudara a verlo para lo de la foto. Yo le dije: «Lino, soy el joven de anoche en el teatro Alameda», dije, «Sí, ya recuerdo, que pase», ordenó Lino y junto con él subí al segundo piso, donde también estaba lleno de admiradores del artista.

La habitación de Pedro estaba al fondo del lado oeste del hotel, en el cuarto número 4 por ser el más amplio. Uno de los asistentes del artista salió ordenando que todas las personas se formaran en fila, ya que Pedro entregaría fotos saludando una a una a las personas. De pronto sale el cantante con un paquete de postales, la gente se salió de la fila desordenadamente colocándose en torno suyo. Pedro, un poco desconcentrado dijo: «Deben tener buen comportamiento» al instante que se dirigió a mi lugar donde yo permanecí quieto y cívico. Pedro me entregó una fotografía autografiada y amablemente me tendió su mano, me dio una palmada en el hombro y acto seguido dijo: «Aprendan de este joven que guardó siempre su lugar». Este es uno de los gratos recuerdos que guardo en mi corazón. Cuando regresé a la casa, mi familia y vecinos me felicitaron por la audacia de conseguir la atención del famoso artista. Y yo nunca me he dejado que me separen las barreras de la gente famosa, son seres humanos como nosotros, solo que famosos y con agendas muy llenas.

Por correo me comunicaba con Ángel Infante, hermano de Pedro, que se juntaron para actuar en varias películas y cuando Ángel hizo su debut en plan estelar al lado de Silvia Pinal en *Por ellas aunque mal paguen*, Pedro lo apadrinó, pero además de esto, los hermanos Infante grabaron a dúo *Las Golondrinas*, acompañados del Mariachi Vargas de Tecalitlán Jalisco. Guardo fotos en mis archivos y una carta de Ángel Infante.

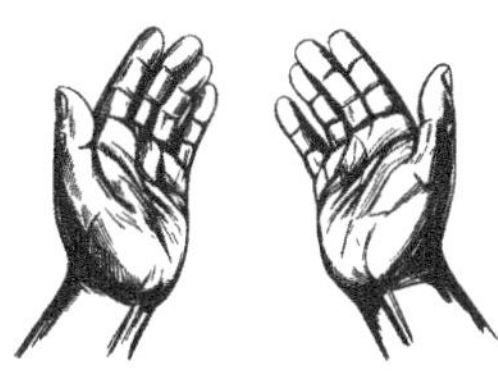

UN JOVEN SIEMPRE TIENE EL DESTINO
EN SUS MANOS

Yo siempre buscaba la superación personal y con mi diploma de Tenedor de libros me encargué de buscar trabajo. Mi primera experiencia fue en la Desmontadora Gurdián. Ubicada de la ermita de Dolores una cuadra al este en la avenida Debayle de la ciudad de León.

Me encomendaron el trabajo de controlar a una cuadrillas de estibadores para embarcar pacas de calidad en los vagones del ferrocarril, que tenía acceso interno dentro de las instalaciones de la desmontadora. Mi jefe inmediato fue José Elías Esquivel, tenía de compañeros de oficina al contador y magnífico locutor de radio Lorenzo Sofonías Mayorga y a la guapa secretaria Rubia Calderón, una respetada y amable amiga. Otro de los compañeros de trabajo fue Manuel Antonio Loáisiga, quien en una ocasión me invitó al barrio de Guadalupe para asistir a una fiesta juvenil, donde se bailó lo que estaba de moda: el mambo y el chá, chá, chá. La fiesta se realizaba en casa de la señorita Olivia Iglesias García, quien en calidad de anfitriona me fue presentada por mi amigo Manuel Loáisiga.

Al finalizar la temporada en la Desmontadora Gurdián, me fui a trabajar como auxiliar de contabilidad en la compañía Automotriz, ubicada del parque La Merced una y media cuadra al este. Mi trabajo contable era llevar el control de los artículos vendidos en el día para descargarlos del inventario. Por su parte, mi novia Olivia, trabajaba como cajera del Almacén La Rambla, y nuestros sentimientos crecían a tal grado que la visitaba por la noche en su hogar con el visto buenos de su papá.

En octubre de 1958, me trasladé a Managua en busca de nuevas oportunidades. Era la capital y seguramente había más plazas de trabajo. Logré conseguir trabajo como auxiliar de contabilidad en el Almacén Nomar donde se confeccionaba ropa para caballeros. Su propietario, don Ramón Morales Bolaños y su esposa Delia de Morales, me prodigaron de afectos, cariños y confianza, pues además de laborar en la contabilidad, con mis dibujos decoraba los escaparates en temporada de navidad. Mi estrella de la buena suerte en el arte me llevó a supervisar un programa de televisión en el canal 6, que patrocinaba don Ramón Morales; obsequiaba trajes para niñas y niños que reportaban el referido programa de marionetas que confeccionaba, pintaba y lo hacía moverse maravillosamente el pintor René Leiva.

Como yo era joven y delgado, don Ramón me instó a que modelara algunas de sus camisetas y trajes. No era un «modelaje» como los de ahora, sino que más bien era lo que se llama «lucir» la elegancia de la ropa. Así que podemos decir que de joven yo también fui «modelo» de ropa. Y eso es parte de lo que un artista es capaz de hacer.

Todo lo veía yo con ojos de superación y con espíritu actoral. Mis dibujos agradaban mucho y veía yo que mi desempeño en dar a conocer lo que me nacía del corazón sí tenía repercusión en las otras personas. Muchos me miraban como diferente porque no tenía vergüenza alguna de desempeñar papeles que me llevaran a la representación pública, como la de hacer de maestro de ceremonia, de salir en la televisión animando un programa y entregando premios o de decir discursos en la navidad o fechas especiales en mis centros de trabajo.

También mis amigos varones me pedían que les redactara cartas o que les escribiera dedicatorias en tarjetas, fotografías y postales que ellos después se las entregaban a sus amables novias como que fueron ellos los que las escribían. Me contaban después los buenos resultados de mis versos y poemas.

Toda esa poesía que yo escribí a finales de los cincuenta y en los años sesenta quedó perdida para siempre porque está en los álbumes y cartas de las señoritas beneficiarias de aquellos tiempos. A muchas no las conocí, otras fallecieron y muchas dejaron de ser novias de mis amigos y estos les perdieron la pista o yo ya le perdí la pista a esos amigos. No he podido recuperar mi primera poesía para reproducirla en estas memorias que ahora escribo. Creo que le sucede a muchos poetas que en sus inicios escriben para otros y dejan buenos versos en cartas, pero no tienen el hábito de guardarse copias. Como me pasó a mí.

LLEGA CUPIDO A MI VIDA

Desde aquella fiesta juvenil quedé prendado de esa joven de tez blanca, ojos color miel. Desde ese día Olivia se adueñó de mi corazón, pero yo era tímido en esos asuntos y no le podía declarar mis sentimientos.

Un día cuando asistí a mis clases de mecanografía en la Escuela de Comercio Silviano Matamoros, el destino me tendió una bonita jugada pues ese era el primer día de clases y cual es mi sorpresa que Olivia y su amiga, Dora Alvarado, asistían también a mecanografía. La saludé amablemente y al intentar sentarme frente a la máquina de escribir, Olivia me haló la silla y me caí sentado en el piso. Yo me sentí incómodo, pero en vez de enfadarme, mi reacción fue reír junto a todos los compañeros de clase. Sin embargo, noté que Dora le decía algo al oído a Olivia y esa malicia me hizo estrechar más la amistad, hasta que se formalizó nuestro compromiso de novios con la autorización de su padre, don Octavio Iglesias.

CAMPANAS DE BODA

El sábado 13 de junio de 1959 el destino me hizo el mejor regalo de mi vida al casarme con Olivia Iglesias García. Por lo civil ante el notario, doctor Francisco Plata, siendo testigo el señor Jorge Téllez y su esposa Inés Campos de Téllez. La boda religiosa se realizó en la iglesia de Guadalupe, celebrada por el reverendo Róger Urcuyo. Fueron nuestros padrinos el licenciado Mario Valladares y su esposa Claudia Deshón de Valladares.

La luna de miel la pasamos en la ciudad de Granada. Del fruto de esa unión procreamos a nuestro primogénito que nació el viernes 12 de agosto de 1960, lo bautizamos con el nombre de Guadalupe Antonio —Guadalupe por el motivo de que el día de la boda, frente a la imagen de la Virgen de Guadalupe, yo le ofrecí que mi primer hijo, fuese varón o hembra, llevaría su nombre—. El 8 de diciembre de 1961 nació Hugo de la Concepción, el miércoles 3 de enero de 1963 nació Gloria María, el 17 de septiembre de 1964 vino al mundo nuestro hijo Harold Emerson; el 9 de noviembre de 1965 nació Sara del Carmen y el 1 de julio de 1971 nació el último hijo, Jorge Martín.

Gracias a Dios mis hijos se han criado sanos y estudiosos, ellos al correr del tiempo me dieron nietos: Larry Emerson, Brenda Olivia y Octavio Anastasio, hijos de Sara del Carmen. Robin José, hijo de Gloria María; Giovanna Huguette y Ana Gloria, hijitas de Hugo de la Concepción; Luis Hafid y Rosemery, hijos de Jorge Martín. Por su parte, mis nietos Robin y Sarita Ruiz, su esposa, procrearon a mi segundo bisnieto Mateo José, mi nieto Larry y su esposa Mariela procrearon a mi primera bisnieta Emily.

La amistad que me llenó de poesía fue con el maestro Armando Ocón Murillo. Cuando le mostré una foto familiar con mis pequeños hijos, él me dejó de recuerdo este hermoso poema:

Hugo es un padre bueno que por días se supera
la dicha para él sincera.
Son sus hijos en un lleno
con su esposa es amor pleno.
Viendo esta fotografía
la familia se confía
al porvenir bien seguro,
porque sabe que el futuro
esboza su Epifanía.

Armando Ocón Murillo
25 de junio de 1969.

Desafortunadamente en nuestro país como en todo el mundo, todo artista debe alternar sus cualidades artísticas con otra actividad que le apoye económicamente para poder vivir cómodamente; es por esa razón que necesitamos conocernos, hacer un análisis de nuestros defectos y virtudes, de nuestra carencia y dones para conseguir el resultado de nuestros propósitos. Teniendo siempre la fe en el éxito, venciendo temores y obstáculos.

Conocí al ingeniero René Lacayo Debayle, uno de los socios de la pujante empresa constructora AISA (Arquitectos, Ingenieros Sociedad Anónima), conformada por grandes de la arquitectura como el ingeniero Roberto Argüello, José Francisco Terán; arquitecto Alfredo Osorio Peters; ellos le dieron realce a la nueva Managua construyendo el Hotel Intercontinental, el Teatro Nacional Rubén Darío, la Colonia Salvadorita y otros.

Trabajé como fiscal general y pagador de los trabajadores de esta empresa durante años. De esa manera me olvidé un poco de mis inquietudes artísticas porque ya tenía cinco niños y una esposa, y quería procurarles a todos ellos lo mejor que había en el momento. Después entré a trabajar en el INSS (Instituto Nicaragüense de Seguridad Social) en calidad de inspector, visitando las empresas comerciales y laborales, revisando las cuentas de cotizaciones de sus empleados, y en una de mis visitas conocí al licenciado Osiel Zambrana, contador de la fábrica de latas, propiedad del señor Humberto Ramírez Estrada, quien llegó a ocupar el cargo público como alcalde de la ciudad de Managua.

Debido a la amistad que había entablado con don Osiel y don Humberto me dieron la oportunidad de trabajo en las oficinas contables del Palacio del Ayuntamiento, llevando el control del gasto de combustible de cada mes. En esas oficinas tenía de compañeros al hoy famoso actor, libretista, comediante, compositor y cantante Otto de la Rocha, encargado de elaborar las planillas; licenciado Róger Urcuyo, responsable de esa sección y el también laureado poeta Armando Ocón Murillo.

Para ese tiempo retomé mi inclinación por la pintura realizando jarrones con flores y rostros, fue así que hice una pintura de mi amigo Otto caracterizando al «Indio Filomeno», que fue motivo de inspiración para el poeta Ocón Murillo, que escribió este hermoso poema:

DON OTTO

I

Nada hay más pulcro y sincero
que este amigo De la Rocha,
sobrio, porque no derrocha
ni el ala de su sombrero.
Amigo, el más verdadero,
su humorismo lo derrama
ríe y canta: lo proclama
lanzando una carcajada,
igual que una campanada
que resuena por la fama.

II

De tal suerte que un artista
llamado por nombre «HUGO»
con su pincel de verdugo
le hizo el trazo en un arista;
verse con la fauces abierta,
más enorme que una puerta
más monstruosa que una boca
que grita con fuerza loca
en una extensión desierta.

Armando Ocón Murillo.

BODAS DE ORO

Han transcurrido cincuenta y ocho años desde el día de nuestra boda en la ciudad de León el 13 de junio de 1959. Recuerdo que para celebrar nuestra boda de oro acumulada con amor, dicha y felicidad al lado de nuestros hijos, familiares, amistades, se realizó Misa de Renovación, celebrada por el reverendo Sebastián Zeledón Zeledón, responsable de la iglesia Sagrado Corazón del barrio Monseñor Lezcano.

Después de la ceremonia religiosa nos trasladamos a nuestro hogar donde previamente se habían colocado mesas y sillas con manteles y adornos florales. Los invitados brindaron por la felicidad del matrimonio, disfrutaron de deliciosos bocadillos y una suculenta cena amenizada por el cantante de ranchero Daniel Vargas «El charro del norte»; el intérprete de los éxitos de la Sonora Matancera, don Adolfo Obando, el trío que dirige Milciades Herrera y el Mariachi Guadalajara de Evaristo Chavarría.

Entre los invitados se encontraba el cotizado artista Otto de la Rocha y su esposa Georgina Valdivia de la Rocha, también el periodista y director de la Academia de Locución «José Dibb McConnell», licenciado Bernardo Hernández y su estimada familia (todos periodistas), señora Josefa Palacio de Hernández y sus hijos, licenciado Roberto Hernández Palacio; licenciada en Diplomacia y Ciencias Políticas Fabiola Hernández Palacio; señor Mario Miranda y familia, periodista Edgard Barberena; el poeta Enrique Silva; el licenciado Jorge Téllez Campos; el licenciado Carlos Martínez, el señor Danilo Martínez y su esposa; la licenciada Eveling Morales, el arquitecto Lennin Lemus y señora Jenny Leiva de Lemus.

También el periodista Manuel Genet, el periodista, licenciado Francisco Rivas Quijano y señora Elsy de Rivas. La licenciada Francis Angélica Leiva y su hijo Ángel Gabriel; señora Angélica Espinoza de Oviedo, señor Erwin Torrez; señor Carlos Urbina, señor Marcelo Espinoza y señora; Antonio Peñaloza y señora Francis Guillén, señor Jean Mayorga y señora Jessenia Padilla de Mayorga; señor Orlando Morales y señora Kenia Obando, Israel Cruz; señora Konny Acevedo Hernández y su hija, Martha Mendoza Acevedo; Juanita de Cabrera, Jalima de Leiva, Migdalia y Martha Sequeira Leiva y muchos más. Fue una fiesta inolvidable de cincuenta años de vida matrimonial.

POCO TIEMPO COMO PINTOR

Ingresé a estudiar pintura en la Escuela Nacional de Bellas Artes con el maestro Rodrigo Peñalba. Experimentando en el arte del pincel afirmé que lo mío era las tablas o estar frente a las cámaras porque, aunque pintaba y dibujaba muy bien, me atraía mucho más lo que miraba de los ensayos en la escuela de teatro, que estaba a solo aulas de las clases de pintura.

Mientras estudiaba estas artes yo trabajaba para el sustento de mi familia. Mi amigo y compañero de trabajo, Armando Ocón Murillo, escribió este poema el viernes 19 de agosto de 1966. Me permito presentar un recuerdo alentador en mis inquietudes artísticas que me dedicó este amigo apasionado de los versos:

RITO DE ARTISTA

No temas que tu arte incomprendido
se torne mofa en redondel sin gracias,
Tu pincel en la tecla se hace euritmia
y en color perdura eternamente.
Tu pintura es bisoña, mas refleja
un anhelo refaelico sublime,
porque es de tu paleta el arcoíris

que hace el meteoro sideral distante.
No mires el retrato, mira el alma
de tu sentir de artista lapidario
sea tu pincelazo airón de palma.
El arte es la paciencia en lo infinito,
pintar la tecla, esculpe el monolito
y como un hierofante oficia el rito.

Armando Ocón Murillo.

MI PARTICIPACIÓN RADIOFÓNICA

Acumulando experiencia a lo largo de 79 años de mi vida, afortunadamente he logrado coronar mis metas cumpliendo con mis obligaciones tanto en el trabajo como en el hogar con mis responsabilidades de hijo, esposo, padre, abuelo, bisabuelo, amigo y artista.

Este mundo está lleno de bellos detalles que debemos admirar y regocijarnos con el perfume y colorido de las flores; la experiencia de un hermoso amanecer con el canto de los pajaritos; las bonitas promesas de los jóvenes enamorados con sus tiernas caricias; admirar a las familias humildes en sus hogares, que a pesar de sus carencias económicas (en su mundo) son felices a lado de sus hijos.

Ser optimista es «hablar de la libertad y no de la esclavitud»; ya que la vida es demasiado corta y hay que vivirla aprovechando cada día, cada instante para ser felices compartiendo esa dicha con los seres queridos y nuestro semejantes.

Cuando laboré en radio, trataba de inyectar los mejores consejos para el buen vivir y no tener temor a nada ni a nadie; en los problemas enfrentarse con serenidad e inteligentemente tomar el lado bueno para tener una excelente solución. Recuerdo que en mis programas radiofónicos contagiaba de alegría musical.

Seguía soñando en llegar a ser artista y me inscribí en Radio Darío de la ciudad de León, al costado este de la iglesia de San Juan. Me inicié cantando en el programa de aficionados que conducía el comediante Juan Dávila Blanco, de cantante pasé a formar parte del elenco de actores de comedias que se realizaban en la casa cural de algunas iglesias de León. La más concurrida era la de Subtiaba y las ganancias eran cincuenta por ciento para la iglesia y el otro cincuenta por ciento para los artistas de la caravana de Juan Dávila Blanco y Su Caravana de Estrellas.

En La Voz de la Victoria, que fue fundada en el barrio Santo Domingo de Managua y cuando se ubicó contiguo al cine Palace de la calle 15 de septiembre y posteriormente en el barrio Oriental de Santa Rosa. Su propietario y fundador, doctor Alberto Solís, me dio la oportunidad de iniciarme como locutor. Primero con la lectura de comerciales y luego me dio la responsabilidad de conducir el programa «Cásese por Radio», alternando con doña Gloria González «profesora Urabá». Luego en el programa del mediodía «Recordando a Pedro Infánte», ya en plan estelar dominando mis nervios ante el público en el programa dominical «Tardes de alegría».

En 1963 tomo parte como alumno del Segundo Curso para Locutor y Actor de Radionovelas en Radio Mundial con el profesor Julio César Sandoval. Todos los sábados había sorpresas en los doscientos cincuenta alumnos, pues los que no tenían talento eran despedidos hasta que quedamos como finalistas: Marlene Arévalo, Hainer Astasio, Bernardo Antonio Galo, Moisés Salomón y Hugo Hernández Oviedo.

Así me inicié en calidad de presentador en el escenario de la Mundial. Los domingos de siete a ocho de la noche Irene López y su Conjunto Folklórico, que se había fundado en abril de 1965; un espectáculo que rápidamente creció en popularidad por la calidad y conocimiento de la danza nica y artística, y que la profesora López impuso su sello de calidad que la llevaron al escenario del Teatro Nacional de Costa Rica con rotundo éxito.

Como dato especial para la historia cultural de Nicaragua: Irene López y su Conjunto Folklórico, conjuntamente con el Coro del padre Mena fueron los primeros artistas nicaragüenses que en 1971 actuaron en el magno escenario del Teatro Nacional Rubén Darío, recién inaugurado el 6 de diciembre de 1969.

Posteriormente el presidente de Panamá, Omar Torrijos, invita al ya famoso grupo folklórico de Irene López, que actúan dentro del VIII Festival de Cine en el Teatro Central de Panamá, alternando con la actriz Saby Kamalich y Ricardo Blume. Quien escribe estos recuerdos, logró saborear el éxito de estas presentaciones actuando en calidad de declamador al estilo campesino.

El éxito no se detiene y en el exterior fue clasificado por los medios de comunicación como el mejor grupo nicaragüense de la calidad y originalidad en Estados Unidos, El Salvador, Guatemala, Cuba, Unión Soviética, Hungría y México, donde fue presentado por el inolvidable actor azteca y amigo César Sobrevals, además José Robleto y su Show, con el maestro Rafael Amaya y el compositor José Robleto.

Desde el Palacio de la Suerte al lado de Jorge Reyes Gallegos, Rafael Urbina Brizuela y Agustín Borge Lira «Tacatín» yo transmitía el sorteo dominical de Lotería Nacional. Recuerdo que el último programa de Pancho Madrigal con Otto de la Rocha que se grabó en la Mundial, no llegó el locutor de los comerciales y como yo era uno de los nuevos locutores egresados de la escuela de la radio, me tocó leer el texto: «Usted lo sazona, lo demás lo hace Corona, el mejor aceite de Nicaragua».

También me es grato recordar como homenaje donde me inicié como locutor y actor radiofónico bajo la dirección del profesor Julio César Sandoval en el Segundo Curso Radiofónico en la Radio Mundial en 1963. Durante los estudios y prácticas ante micrófonos y en el escenario de la prestigiada radio pude investigar la historia de la radio en Nicaragua y me auxilié del libro *Historia de la Radio Nacional*, editado en 1969 por Jose R. Hernández, en cuyas páginas se confirma que la primera radioemisora en Managua fue radio Bayer, fundada en el año 1933, propiedad del señor Edmundo Téfel. También me enteré de que la autorización No. 36 de Radio Mejor con fecha del 3 de diciembre de 1947 del señor Manuel Arana Valle, misma autorización que estaba en proceso, se modificó por Radio Mundial, que inicia su transmisión el 1 de marzo de 1948, Día Nacional de Periodista en Nicaragua.

Como diariamente saludaba a don Manuel, cruzó en mi mente la inquietud de tener en viva voz y así realicé una entrevista histórica: «Don Manuel, ¿cómo surge en usted el deseo de ser un radiodifusor?», le pregunté. «No sé de dónde salió la inquietud, pues soy técnico de radio para reparaciones, un día de tantos construí un aparatito para control remoto, luego compré un espacio en la Radio La Voz del Mombacho de la ciudad de Granada y con ese aparatito transmitía una hora desde mi casa, con mis discos y mis micrófonos. Después de eso nació la idea de fundar una radio, cristalizando mi deseo con la inauguración de Radio Sport en Granada el 15 de septiembre de 1942, con el tiempo me di cuenta de que

Granada era una plaza pequeña para mis expectativas y me traslado a Managua para fundar Radio Mundial».

El secreto del éxito en Radio Mundial y con esa visión de progreso fue del nicaragüense que mayor ventaja le produjo la industria de la radiodifusión. Le pregunté a don Manuel Arana Valle: «¿Cómo logró el éxito en Radio Mudial?». Me aclaró: «Bueno, te voy a contar un anécdota que ya se ha hecho muy conocida. Resulta que en Managua ya existía La Voz de América Central, su propietario era el señor José Mendoza Osorno, radio que había fundado el 6 de junio de 1941. Cuando le dijeron que Manuel Arana venía a Managua para poner una radio, Mendoza Osorno dijo "¡Qué va a competir conmigo!". Él estaba muy seguro del éxito de su radio y tenía todo a su favor, pues contaba con radioteatro y una discoteca de seis mil discos, yo solo tenia veinte discos, pero aquí está el secreto del éxito de Radio Mundial. Iniciamos la promoción con los veinte discos que tenía, pero así llenamos la necesidad al gusto del auditor, luego vinieron las radionovelas de grandes éxitos, donde desfilaron los más connotados actores y actrices de la época de oro de esta organización radiofónica de gran prestigio».

También en el programa «Nuevos Valores Radio Mundial» logré laborar como lector de anuncios comerciales en vista de que mi calidad de locutor estaba ascendiendo en prestigio y mis amigos, el inolvidable cantante Luis Méndez y el siempre bien recordado locutor Gustavo Latino, se fijaron en mí y me contrataron para compartir los éxitos de grandes cantantes que saltaron a la fama como Lucha Ordóñez, Lutecia Luna, Perla Blanco, Marina Cárdenas, Frank Castillo, Armengol Sevilla, Edwin Torres y muchos más.

«Nuevos Valores de Radio Mundial» también realizó una buena labor cultural en la ciudad de León, transmitiendo en Radio Darío con el valioso aporte de su propietario, don Juan Calderón. El laureado actor y declamador del Instituto Nicaragüense de Cultura, licenciado Mario Torres, me facilitó su carnet como participante de «Nuevos Valores en Radio Darío» de la ciudad de León.

La verdad es que Mario Torres trae en sus venas sangre de artista y en 1965, con deseo de superación, se caracterizaba muy bien como fonomímico a tal grado que ya era conocido como «El fono», también era amante del canto, junto con su hermano Hugo Torres participaban en este famoso programa «Nuevos Valores de Radio Mundial» en Radio Darío de la ciudad de León.

El premio para el mejor cantante consistía en cincuenta córdobas en efectivo, que eran unos ocho dólares al cambio de esa época. Premio que ganaron tanto Mario como su hermano Hugo, quienes tenían tremendo talento y unos de sus boleros favoritos era *Cenizas*. Mario por su parte además de cantante, ejecuta la guitarra, piano y se convirtió en un extraordinario actor. Ha participado en varias obras teatrales entre ellas *La verdadera historia de Pedro Navaja, Te dio miedo la sangre, Todo tiempo futuro fue mejor*. En 1992 Mario Torres viaja a España para actuar en el Festival Internacional de Teatro FIT en Cádiz con la obra *El encuentro de dos mundos*, con motivo de los 500 años de la venida de Cristóbal Colón a América.

También actuaron Claudia Contreras, Lucero Millán, Otto de la Rocha, Alberto Icaza Vargas, Edgard Sarria, Omar Rayo, Rosa María Matute, todos representando a Nicaragua, cuyas actuaciones fueron calificadas exitosamente. En el 2010, en Radio María participé en las grabaciones de «Testimonios

Bíblicos de la Pasión de Cristo», compartiendo libreto al lado de connotados actores: Rafael Ángel Avellán, Enrique Zavala, Elton Javier Jirón B, Néstor Membreño, Reynaldo Méndez, Roger Munguía, Zina Daboub, Otto de la Rocha, Georgina Valdivia, Ivonne García, Dulce María Salgado. El ingeniero de grabaciones era Salvador García, la dirección bajo la responsabilidad mía y la supervisión por el reverendo Óscar Castillo, director general de Radio María.

En la Radio Corporación laboré en el programa «Los mejores de México», alternando con el cantante Mauricio Peña. Siempre en Radio Corporación participé en el programa «El INSS responde». Otro programa de gran impacto popular en Radio Mundial fue «Mano a Mano con el Pueblo», al lado del fecundo compositor nacional Jorge Isaac Carvallo, el programa era transmitido a control remoto diariamente de tres a cuatro de la tarde desde lugares populares como los mercados o terminales de autobuses.

Se me estaba olvidando otro programa popular en el que participé, «La Plaza de la Alegría», que lo trasmitía desde el portón principal del Estadio Nacional Denis Martínez con la colaboración del Sindicato de Músicos, cuyo presidente era don Alfredo Rivas. Salía al aire con las actuaciones de cantantes, duetos, tríos, cuartetos, mariachis y tangos con el Ché Campos; alternaba en la locución con Marina Cárdena, conocida como «La Gordita de Oro».

En la Ciudad de México en Radio XEB «da B grande de México» participé en el programa «En el aire» del periodista Rafael Lara Setina, donde alternaba con César Sobrevals con noticias de artistas mundiales. En XEB participé en el programa «Buenas noches, Buenos días», programa de «La Voz de la América Latina» desde México que iniciaba a las once de la noche y finalizaba a las dos de la madrugada, dirigido por el periodista Rasiel López y el cantante ranchero Pepe Contreras. Yo intervenía declamando algunos poemas.

En Managua, en 1973 fundé el programa «Ídolos del Recuerdo en Radio Reloj» de Francisco Rodríguez Téllez. Se transmitía de cuatro a cinco de la tarde todos los días, cuyo contenido era biografías y canciones de Pedro Infante, Jorge Negrete, Javier Solís y José Alfredo Jiménez. El sonidista de este programa era Eduardo Gutiérrez, alias Nacho Batazo.

Participé en Radio Periódico con el programa «Círculo informativo», que dirigía la periodista Gixa Torres, en Radio Continental diariamente, de cinco a cinco y treinta de la tarde. Recuerdo que una tarde ya estábamos preparados con las notas informativas. El controlista tenía grabada una viñeta como cortina entre notas que decía: «Círculo Informativo»; se usaba para la entrada del programa y también al finalizar. Pues resulta que de tanto usar la cinta grabada se deterioró la primera parte de ella y Gixa le dijo al controlista: «no importa, ponla al aire», y desafortunadamente lo que se había roto fue «Cir» y solo salió al aire «...culo informativo», esto naturalmente con tremenda sorpresa, nos causó risa colectiva y no podíamos iniciar el programa pues siempre que intentábamos nos ganaba la risa.

En esa misma radio, los jueves grabamos «Domingos alegres», que se transmitía los domingos a las seis de la mañana, alternando con Julio Salgado Báez en la locución el ingeniero de grabaciones, Víctor Cedeño, con la participación del cuarteto Maravilla, integrado por Virgilio Espino, alias «Papelito», cantante; Lucio Úbeda, Pedro Joaquín Díaz «Leoncito» y José Parrales. También participaron como cantantes el compositor

Carlos Valle Vallecillo, Rafaela Mendoza, Chepita Mayorga, Jesús Lacayo «La chunguita» y cantaba algunas rancheras.

En 1975 desde la Ciudad de Mexico enviaba a Radio Éxito un KCT con un programa grabado con entrevistas a famosos artistas y cada sábado se transmitía en el programa «La Éxitos desde los Estudios Cinematográficos de México». Mi hijo Hugo era el encargado de llevar y retirar cada semana el casette con los programas que yo mandaba desde México.

En Radio Mundial fundé y dirigí el programa «Revista Musical» y «Noticias de los Artistas», programa que me grababa Otoniel Saballo Lozano «Cinecomentarios». Con el hombre de mil voces, Eduardo Cornejo, presentábamos el programa «Dímelo cantando». Por las noches presentábamos el programa «Esta noche contigo», alternando con mi maestro de declamación Manolo Villamil. Cuando él se marchó con su esposa, Yolanda de Fabián, y sus dos hijos a Miami, yo continué el programa con la participación de mi hija Sara del Carmen.

Para el 1 de junio de 1983 fundé el programa «Cancionero mexicano», siempre alternando con mi hija Sara del Carmen, Frank Medina, Pedro David González, Joaquín Absalón Pastora, Leonardo Bermúdez y Fernando Cisneros «Felipito» y otros. Recuerdo que desde México enviaba entrevistas con artistas rancheros, en cada KCT venía un momento en que yo decía: «Y ahora trasladamos la señal hasta Managua, Nicaragua con Sara del Carmen para enviar saludos a las amables personas que nos escriben». El controlista detenía el KCT y en esa temática Sara, al terminar de leer los saludos decía: «Y ahora nuevamente nos conectamos con el señor Hugo Hernández hasta la Ciudad de México».

Fue por este mecanismo que el público pensó que yo siempre estaba en Nicaragua, pero era en grabaciones. «Cancionero mexicano» perduró en el aire durante veinte años, pues de la Mundial lo trasladé a Radio Nicaragua, la Radio La Mera Mera, Omega y la Radio. Fue un verdadero éxito que tanto en Radio La Mera Mera y el programa «Cancionero mexicano» se presentaron en vivo la gran actriz venezolana Lupita Ferrer, el actor y director de cine mexicano Roberto Guinar; el grupo Herencia Mexicana, María Elena Leal, cantante de rancheras, hija de la gran Lola Beltrán; Irma Infante, cantante y actriz, hija de Pedro Infante; Rozenda Bernal, actriz y cantante de rancheras; Gabriel Solís, cantante de rancheras, hijo de Javier Solís; Los Hermanos Salazar, hijos de Juan Salazar; el hijo de Juan Mendoza, que lleva el mismo nombre de su famoso padre, Juan Mendoza «El Tariacuri».

EL TERREMOTO EN MÉXICO

Cuando ocurrió el terremoto de México el 19 de septiembre de 1985, radicaba en la calle Camelia de la Colonia Guerrero en un tercer piso, y estaba con mis hijos Guadalupe Antonio, Harold Emerson y Jorge Martín. Afortunadamente el edificio donde vivíamos solo se resquebrajó y poco a poco se restableció el comercio. Yo regresé a mi trabajo como secretario de prensa de Aída Cuevas, famosa por su preciada voz, intérprete de rancheras.

En agosto de 1986 viajé de la capital mexicana a Managua contratado por el Sistema Sandinista de Televisión con la valiosa gestión del licenciado Óscar Miranda, para representar al cantante de ranchero Eutimio Castillo, cuyas actuaciones fueron en el ranchón y la piscina del hotel Crown Plaza. Fue un rotundo éxito con presentaciones en teatro carpa. Eutimio conoció a Otto de la Rocha, Jorge Isaac Carvallo y Fernando Cisneros. Eutimio incluyó *Una canción* de Otto de la Rocha, *Campesino* de Jorge Isaac Carvallo y *Bonito amor* de Fernando Cisneros. También incluyó en estos discos el tema *Tierra nica,* corrido que dedicó el famoso compositor mexicano Pepe Guizar a Nicaragua.

En 2008 Eutimio visitó de nuevo mi tierra pinolera acompañado de su esposa, doña María de Luz Cadena y de su hijo, el periodista Erick Castillo Cadena —naturalmente yo fui el enlace de esta producción discográfica— los invité a las isletas de Granada y así nace otra canción dedicada a Granada, Nicaragua y Eutimio realiza una verdadera estampada musical al retratar costumbres e historia de la noble y leal ciudad granadina, titulando su canción *El tayacán de Granada,* en este disco también incluye *Una plegaria a la Virgen de Guadalupe* del compositor nicaragüense y un poema que le musicaliza exitosamente a *Nostalgias,* de mi autoría.

DIRECTOR DE LA EMPRESA RADIOFÓNICA
LA MERA MERA

El 16 de mayo de 1994 fui nombrado director de la radio La Mera Mera, que estaba en el mismo edificio de Radio Nicaragua, frecuencia 640, amplitud modulada con 10.000 watts de potencia. Fui seleccionado por la presidenta de Nicaragua, señora Violeta Barrios de Chamorro, entre cuatro candidatos.

Fui calificado por mi historial artístico y de esa manera me incorporan como director el 20 de mayo de 1994, logrando llevarla a altos niveles de popularidad, incluyendo cada media hora «Homenaje al artista nicaragüense», con entrevistas y biografias con temas grabados de compositores como Víctor M. Leiva, Jorge Isaac Carvallo, Silvio Linarte, el profesor Bayardo Ortiz Pérez, el compositor Carlos Valle Vallecillo, Otto de la Rocha y muchos más.

Motivado por dolores agudos en el páncreas y en la columna vertebral me vi obligado a renunciar, habiendo laborado hasta el 30 de octubre del 2001.

En recomocimiento a mi destacada labor como director y fundador de esta radioemisora, mis compañeros de labores me ofrecieron un emotivo acto de despedida en la sala principal del edificio de Radio Nicaragua, el director general, licenciado Eduardo González y todos mis compañeros me entregaron una placa metálica en reconocimiento a mi árdua labor en el campo radiofónico. También la Junta Directiva del sindicato de la radio firmaron significativo documento de despedida:

Señor Hugo Hernández Oviedo

Sus manos.

En nombre de la Junta Directiva del Sindicato de Trabajadores de Radio Nicaragua (SITRANIC), reciba nuestros mejores deseos de prosperidad en la vida que va a empezar mañana. Su sencillez, su humildad, su generosidad y su espíritu de colaboración han sido sus principales cualidades y le agradecemos mucho por todo el apoyo que nos brindó durante este largo caminar de su vida. Esto no es más que un hasta luego, no es más que un breve adiós y confiamos que muy pronto aquí de nuevo, nos va a reunir el Señor. «Joven fui y he envejecido, y no he visto justo desamparado ni su descendencia que me mendigue pan». (Mateo, cap.37, vers 25), 30 de octubre 2001.

Firman:

Marvin Vázquez Dávila /Secretario General.
Lissette Galo Rodríguez /Secretaria de Conflictos.
Marlene Brizuela /Secretaria de Finanzas.
Ronald Guatemala Meza/Secretario de Actas y Acuerdos.

DE LA PINTURA AL TEATRO

Conocí al profesor de teatro, maestro Lemus, quien además de director de teatro era odontólogo rústico, con una máquina que hacía rechinar los dientes. Tenía su clínica del Palacio de la Suerte (vieja Managua) dos cuadras al este. Él me admiraba cuando leía algún texto de teatro que él me proporcionaba y me dijo que en Bellas Artes el profesor Alfredo Valessi impartía clases de teatro.

Me inscribo pero no en teatro, sino en pintura con el maestro Rodrigo Peñalba. Sin embargo, cuando pasaba por el área de teatro me quedaba observando. Total que al terminar mi progresivo talento de pintor y el olor de aguarrás que tenía que usar para mezclar la pintura de óleo, me causaba crisis de asma, razón por la cual me retiré y me inscribí en teatro.

El primer día de clases, Valessi nos propone un ejercicio: «Aquí hay una sala imaginaria, un escritorio, un archivador; van a hacer el desplazamiento». Todos los alumnos fuimos pasando y él anotando. Cuando terminó la clase, me llama y me dice: «Usted me está engañando, usted ya recibió clases de teatro». «¿Por qué dice eso?», le pregunto. «Porque hizo el desplazamiento perfecto, no tropezó con ningún mueble imaginario». «No, señor», le digo yo, «no tengo ninguna preperación actoral. Solo en veladas he salido, nunca he tenido maestro de teatro». Con el maestro Valessi realicé mi sueño de ser actor. Aquí empezaba un gran capítulo de mi vida.

MIS PRIMERAS OBRAS DE TEATRO

En esos menesteres artísticos conocí al maestro, director y actor de teatro, don Benjamín Zapata —hermano del compositor Camilo Zapata— quien me invita a participar en una obra de teatro. Muy contento y emocionado acepto y comenzamos a ensayar en casa del escritor Francisco Rosales Cuadra (antigua Managua, calle Colón, de la miscelánea 20 varas al sur), ahí conocí a Carmen Martínez, a Coco Mojica y a la gran actriz y declamadora Juanita Sacasa. También actuaron: Bernardo Antonio Galo, Juan Flores, Roberto Rodríguez Lara y otros.

Me dan el papel del «Capitán». Esta es mi primera obra orgullosamente nicaragüense. Dirige don Benjamín Zapata con tremendo éxito. Nos presentamos en varios departamentos y el alcalde de Jinotega nos proporcionó todo para actuar en el teatro Wanki. Nos ofreció suculento almuerzo y algunos brindis espirituosos. Al encargado de los efectos especiales se le pasaron las copas. Resulta que Juanita Sacasa, que personificaba a Rafaela Herrera, dice en un parlamento: «Ese fue un cañón» y el de los efectos en vez de poner el estallido del cañón hace sonar varias triquitracas, provocando tremenda risa entre el público a tal grado que se pone muy nerviosa la actriz y en su siguiente parlamento: «Traedme un cañón para encender esta antorcha». Total que la obra era épica y por esos malentendidos se convierte en una comedia pues el público reía a carcajadas. (Nada ni nadie es perfecto en esta vida). Esto fue en 1966.

«Por los caminos van los campesinos». Mi segunda obra en que participo con el papel de Margarito López y nos acompañó en el estreno el propio autor don Pablo Antonio Cuadra para estrenarse en televisión. Participa gran parte del elenco de Radio Mundial. Fue el doctor Jesús Miguel Blandón quien me contrató bajo la direccion de Manolo Villamil en enero de 1972. Luego nos presentamos en un teatro cerca del cine México, en el teatro González de la ciudad de León, en Matagalpa en el teatro Perla (no pudo actuar Evelyn Martínez por estar quebrantada de salud y la sustituye Maritza Cordero), siempre genial, pero no falta algún detalle y este fue que Evelyn no le facilitó la utilería, que eran ropas para lavar entre blusas, faldas y ropa interior femenina, razón por la cual y en emergencia la que salvó el problema fue mi siempre recordada actriz Ruth Obregón, que facilitó su ropa íntima que usaba ese día. El problema lo podía solucionar Maritza Cordero con sus propias prendas íntimas, pero en esa escena ella tiene que forcejear con el «Yanqui» Chuno Blandón y caía al piso. Ella tenía que levantar un poco sus piernas (ustedes se imaginan, ¡qué tremendo lío!), pero todo salió a la perfección.

Otra obra en la que actué es «La falda pantalón» del escritor Adolfo Calero Orozco, dirige Socorro Bonilla en la inauguración de la Sala Experimental Rubén Darío, hoy Pilar Aguirre. Actúan: Blanca Amador, Evelyn Martínez, Guillermo Mejía Baltodano, Xiomara Centeno, Hugo Hernández Oviedo, Armando Urbina Vásquez, Pepe Ruiz, Emperatriz Alemán, Néstor Méndez, Frank Jarquín. Fue presentada ante el Cuerpo Diplomático acreditado en Nicaragua y los ministerios del gobierno el 20 de abril de 1972, para todo público en fecha 23, 24 y 25 de abril.

Una obra muy recordada para mí es «Sí, quiero» del español Alfonso Paso, dirige Socorro Bonilla Castellón en la Sala Mayor del Teatro Nacional Rubén Darío en 1972, actúan Charles Delgadillo, Xiomara Centeno, Ruth Obregón y yo. En un reto actoral interpreto a siete personajes. También actúan Elsita Arana, Róger Miranda, Iván Argüello y otros.

Quise mucho a la obra «Chinfonía burguesa» de José Coronel Urtecho y Joaquín Pasos, bajo la dirección del catedrático Luis Martínez Concepción, con Actor Studio de Nueva York. Actúan Blanca Amador, Socorro Bonilla Castellón, Miriam Hebé, Salomón Morales, Gloria Elena Espinoza, Frank Jarquín y yo, entre otros.

ACTOR DE RADIO

«¿QUIERE USTED SER ACTOR?»

Como ya he contado, el génesis de mi vida actoral se da cuando mi madre me lleva de la mano a estudiar el catecismo a mis siete años. Actuamos algunos niños en veladas para conseguir el dinero del desayuno de celebración de la primera comunión, que era algo muy sencillo: café, frutas, jugos y bocadillos. Pero éramos niños muy pobres y ese desayuno, aunque ustedes lo vean muy sencillo, no lo podíamos pagar. Éramos unos niños de familias humildes. De cierta manera «trabajamos» sobre las tablas haciendo teatro para pagarlo. Puedo asegurar entonces que mis limitaciones económicas fueron el motor de arranque de mi vida artística.

Todo era improvisado, con sábanas como telones y vestuarios como los de las tareas de la escuela, pero esas experiencias que fueron para otros niños hechos de los que ellos ahora ni se acuerdan, para mí fueron ejercicios que me sirvieron mucho en el futuro. Porque, aunque era un teatro rústico, nosotros agarramos en serio nuestro trabajo y representábamos bien a nuestros personajes. Todos eran personajes bíblicos: Moisés, José, Jesús, David, Salomón, el Faraón, Noé, esos papeles. Por lo menos yo sí tomé en serio esa experiencia al punto de que hoy escribo dándole la importancia que tienen esos hechos en mi vida. ¡Imagínense! ¡Cosas que pasaron hace más de setenta años!

Comencé mi vida con comedias. Solo recuerdo que hacíamos reír al público. Eran comedias cortas y el público eran nuestros padres, nuestros primos y así fue el padre cada semana recogiendo el dinero para hacernos la fiesta. Una vez me tocó bailar *Cachita*, me acuerdo, a todos los niños nos pusieron con pantaloncitos blancos y con unas camisas con muchos vuelos como cubanos. «Óyeme, Cachita, tengo una rumbita». Y había una profesora que nos hacía la coreografía.

Mi segunda experiencia actoral fue con Juan Dávila Blanco y Su Caravana de Estrellas, era un señor comediante que tenía un programa de variedades en la radio. Con don Juan Dávila actuamos en teatros y en casas curales, pero yo trabajaba por amor al arte, nunca se me pagó nada, aunque la compañía cobraba la entrada, pero eso a mí no me importaba, yo quería ganar experiencia.

Y estas experiencias las quiero repetir aquí en este nuevo capítulo de mi libro porque deseo resaltar el trabajo que he hecho sin cobrar nada pues hacerme rico de la actuación nunca fue mi objetivo, ni siquiera puse en el arte algunas metas como comprarme un carro después de una gira artística o una casa con X o Y derechos de autor.

A Managua vine porque estaba buscando trabajo como contador, como ya les conté, pero si me hubiera quedado en León tal vez no hubiera pasado de los atrios y de las gradas de las casas altas —donde dramatizaba con los grupos de teatro que ya he mencionado— a actuar con grandes artistas mexicanos. Fue el hecho de venir a vivir a Managua lo que me abrió las puertas de más horizontes.

A mí siempre me siguió el arte: trabajé de contador-actor, inspector-actor, supervisor-actor, secretario-actor, periodista-actor, relacionista público-actor, reportero-actor, radialista-actor; fiscal-actor, hasta fui esposo-actor y padre-actor. Mis hijos han crecido y se hicieron adultos viéndome en las tablas. No todos han seguido mis pasos en el arte, pero presenciaron el arte teatral todo el tiempo.

Fue el dibujo el que me llevó a la televisión porque don Ramón Morales, director de Nomar, fue por dibujar los escenarios de su programa que me invitó a entregar los regalos que su empresa obsequiaba en un programa en vivo. Y fue el dibujo el que me llevó al teatro cuando me cambié de carrera artística porque pensaba primero ser pintor ya que no había tenido oportunidad de actuar profesionalmente.

En la televisión, en el canal 6 donde estaba el programa para niños de la fábrica Nomar, conocí a Julio Soto, y también me invitó para formar parte de los *sketches* cómicos, había unas cortinas cómicas para la televisión. Fue el maestro Alfredo Valessi el que me dijo: «El artista uno lo trae y los profesores lo pulen». Entonces con él comencé en el teatro ya de forma profesional.

Pero no fue de la televisión que salté al teatro o a la radio. Cuando salía a la una de la tarde de mi trabajo en el Palacio de Ayuntamiento, donde trabajaba como contador, vi un anuncio en la calle El Triunfo: «¿Quiere usted ser actor?» y así fui a Radio Mundial con los maestros Manolo Villamil, Julio César Sandoval, Richard Moore, entre otros.

Cuando llegué a la radio tenía totalmente dormido el espíritu artístico, ocupado en mis trabajos como padre y mis hijos que venían naciendo seguidos, apoyando en todo a mi familia para vestirlos y alimentarlos, procurarles todo el bien pues yo amaba mucho a mi familia y ellos eran lo primero para mí. Fue de pronto un despertar cuando vi ese rótulo. Como si el niño de siete años de pronto salió de dentro de mí y volví a los mundos del arte.

Cada sábado hacíamos ensayos en la radio y había lectura de los libretos que ocupaban para las radionovelas, nosotros los hacíamos, pero en lectura y los grabábamos también como si estuviésemos haciendo las radionovelas, con musicalización y todo, el musicalizador era la estrella Humberto Cano Meza, de tal manera que quedaba bien y se veían los errores. Cada sábado don Julio César Sandoval iba como con un colador en las manos. «Tal vez en otra oportunidad», y así iba diciendo y despachando a todo el mundo, y quedamos de finalistas cinco personas.

Con el Conjunto Folklórico de Irene López anduvimos en gira por toda Centroamérica, presentándonos solo en teatros nacionales y aquí en Nicaragua seguían los periodistas nuestra gira y aparecían muchas noticias con fotos de nuestro recorrido donde anduvimos poniendo en grande a Nicaragua. Lo irónico fue que nos habíamos presentado fuera de Nicaragua, pero aún no en el Teatro Nacional Rubén Darío porque doña Hope Portocarrero solo traía artistas extranjeros. A doña Hope le caía la prensa encima por esa razón. Pero nosotros con el Conjunto tuvimos un contrato en febrero de 1971. De tal manera que, ya con eso, medio se salvó doña Hope porque se presentó un espectáculo que no, no había qué cosa envidiar a nadie porque el espectáculo de Irene fue bien montado, y no era que estábamos saliendo a cada rato a presentar, no. Era una revista musical, terminaba un número y ahí no más empezaba con el otro número, declamación de unos poemas, era una cosa maravillosa, después aparecía un trío, etc. Aquello fue lindo, el espectáculo que presentaba Irene López era de alta calidad.

«Por los caminos van los campesinos» la presentamos en vivo en la televisión. ¡Vaya reto! Ahora existe la posibilidad de grabar y de equivocarse y lo graban de nuevo todas las veces que deseen, pero en ese tiempo no. El único recurso que había eran unas imágenes que tomaron de unos campesinos que bajan de una pendiente y se ven como silueta los campesinos para forrar el poema: «*De dos en dos / de diez en diez / de cien en cien / de mil en mil / descalzos van los campesinos / con la chamarra y el fusil*».

Nos presentamos en las principales ciudades de Nicaragua: Matagalpa, Masaya, Granada y León, además de muchos pueblos. En algunas ocasiones me tocó hacer dos personajes cuando no podía acompañarnos algún artista porque yo me sabía los parlamentos de toda la obra y de todos los personajes. Cuando estuvimos en la televisión fue cuando llegó Pablo Antonio Cuadra y me felicitó mucho por mi interpretación del personaje Margarito López. Publicó también unos elogios para mí en *La Prensa*. Él fue muy amable conmigo y era un gran intelectual, pero a pesar de eso era un hombre con costumbre de tratar a la gente con humildad. Por lo menos esa fue mi experiencia con él.

De todo esto que estoy contando guardo primeras planas y recortes de periódicos que sirven de soporte y como testigos de mi experiencia actoral que narro desde mi perspectiva. Los demás actores de esas obras tienen sus propias experiencias y seguramente más cosas para añadir porque cada uno recuerda los episodios de diferentes formas. Lamentablemente muchos ya se nos han ido y casi todos los personajes de esas obras, de todas esas películas en las que participé; las personas con quienes fuimos felices y compartimos nunca pudieron escribir sus memorias y ver publicados sus libros. Yo espero en Dios ver publicado el mío y que este testimonio sirva para mostrar una historia del arte nicaragüense que hoy puede encontrarse casi solo en los periódicos de esa época o en la mente y recuerdos de personas adultas mayores como yo. Es a la juventud que deben llegar estas historias para no olvidar el talento nicaragüense y, por supuesto, mis nietos y bisnietos son mi primera meta a quienes quisiera llegar, porque la historia que no se recuerda y que no se escribe, queda en el olvido eterno.

MI EXPERIENCIA FAMILIAR Y
EL MUNDO ARTÍSTICO

Nos pasaron muchas cosas durante esas giras, tantas experiencias vividas. El artista fuera de su casa y de su comodidad desarrolla un sentido de compañerismo que yo nunca había vivido en ninguno de mis trabajos. En mi casa mis niños crecían lindos y hermosos, mi esposa muy solícita y entregada a su familia, yo trabajaba fuera en estas giras y sin la comprensión de todos ellos no hubiera tenido vida artística, ni siquiera hubiera arrancado porque cuando inicié mi vida actoral yo ya era casado con mi amada Olivia Iglesias.

A mí si Olivia me hubiera dicho que no, que no actuara y que estuviera apoyando más en la casa con los niños, yo hubiera dejado el arte y jamás a mi familia. Pero a mí mi esposa nunca me puso a tomar esa terrible decisión. Ni mis niños. Todo el tiempo que yo estaba en la casa era para ellos; cuando se dormían es que yo tomaba el lápiz y la pluma o la máquina de escribir y me ponía a escribir mis poemas, canciones y guiones. En la noche ensayaba solo y Olivia dormía a los más pequeños. Yo en todo estaba presente en la vida de mis hijos, los llevaba a los estudios fotográficos a hacerse fotos, los nombres se los puse yo, los mimaba, les escribía versos, los andaba conmigo cuando ya eran más grandecitos, les reparaba la ropita; cuando tenían fiesta de disfraces en la escuela todos sus trajes se los hice yo. A mi hija Gloria, que estuvo un tiempo aprendiendo folklore en una escuela de danza, fui yo quien le diseñó su falda larga de bailar y ella tenía la mejor falda, le gustaba decir con orgullo a sus compañeritas que se la había diseñado su papá.

Cuando inicié mi vida artística ya tenía cinco hijos, la más pequeña era entonces una bebecita de meses de nacida. Pero cuando yo estaba en casa jugaba mucho con ellos, compartía, nos hacíamos fotos porque yo siempre tuve cámaras, los llevaba de paseo, éramos una familia muy unida y ellos unos niños muy dinámicos. No es que fueran hiperactivos, todos eran unos niños normales y sanos, pero Guadalupe Antonio, con sus ojos de color verde azulado, era muy coqueto y bandido, travieso, hablador, quería ser actor como yo; y creo que lo logró y hasta me superó. Mi hijo Hugo era un poco más serio y sereno, pero sus hermanos lo provocaban a las risas. Gloria María era un angelito con sus ojos celestes y cabello rubio, dulce, muy cariñosa y me abrazaba cuando yo llegaba de mi trabajo. No se soltaba de mí por largo rato como que no me hubiera visto en mucho tiempo. Harold era travieso porque aprendía de las travesuras de sus hermanos mayores, Sarita era una niña blanca y de ojos claros color miel como los de mi esposa; todos eran hermosos, divertidos y sonrientes. Yo procuraba tener una familia de niños felices, así como yo crecí con los cuidos y el amor de mis padres.

En ese tiempo de mis inicios en el arte no había nacido mi hijo menor, Jorge Martín, por eso no lo menciono todavía, pero en mi vida en México él fue quien más me acompañó y creció allá conmigo y tuvo su oportunidad de disfrutar de su padre. Yo siempre he dicho que es mi niño mexicano porque nació en 1971 y llegó a México de seis años y allá estudió, hablaba puro mexicano, era como mi niño extranjero porque todos mis otros hijos eran bien nicas. Luego todos hablaban como mexicanos porque vivieron allá conmigo y se adaptaron rápido a la cultura.

En algún tiempo estábamos solos Jorge y yo y, como no quería dejarlo solo en el apartamento en Ciudad de México porque era muy chiquito, me lo llevaba a mi trabajo y ahí anduvo entre directores de cine y actores famosos. Uno lo ponía entre todos los muchachitos mexicanos y él era uno igualito a ellos: los gestos, el hablar, el acento, las palabras; se formaba cuando miraba la bandera, era su bandera si allá estudiaba y México era su patria, llegó muy pequeño. El saludo a la bandera lo hacen los mexicanos porque son bien patrióticos, a mí eso me costaba hacerlo, pero tenía que adaptarme, y para Jorge era su cosa sagrada formarse cuando miraba la bandera del Zócalo. También comenzó su vida artística en México, fue un niño actor, muy vivo, atento a todo, de cada cosa se daba cuenta, todo sabía, participaba de mis conversaciones con mis amigos adultos, siempre estaba junto a mí y oía todas las cosas del mundo del arte mexicano. Cualidad que no siguió en su vida de adulto, la de actuar.

MIS ACTUACIONES EN CINE:

YA ESTOY SOBRE LAS TABLAS, ¿POR QUÉ NO PUEDO ESTAR TAMBIÉN EN LAS PANTALLAS?

Olvidaba decir que con Irene López comencé en 1969 y ese año tuve una pequeña actuación en una película francesa, *Los caminantes*, que se rodó en Nicaragua. Nunca la vi ni nada, no tengo fotos de eso. Fue en el cerro Coyotepe, en Masaya, que se hizo la filmación de mi participación, allí se hicieron todas las escenas. Yo salgo subiendo y bajando las gradas a toda prisa. Luego vengo huyendo y cuando llego a la punta del cerro miro hacia la planicie como buscando algo a lo lejos. No hablo en esa película, seguramente mis imágenes las usaron como recursos. Los nicaragüenses participantes éramos cuatro varones y dos mujeres, pero a ellos nunca más los vi en el mundo artístico de Nicaragua y no supe de la noticia de la película. Los productores se hospedaban en el Gran Hotel en Managua, pero nunca los visité. Estaba muy ocupado iniciándome como actor de radio, estudiando, siendo papá, ganándome el sustento de mi familia. Quizás debí ponerle más atención a mi primera experiencia como actor de cine y conocer a estos señores que anduvieron filmando por todo Nicaragua.

La película *Los caminantes* fue algo inesperado. No se habla mucho de esta obra en Nicaragua a pesar de que el equipo de rodaje era grande y había muchos cineastas con todos sus equipos profesionales y una gran grúa. Con esta que era mi primera experiencia en el cine, me dije: «Ya estoy sobre las tablas, ¿por qué no puedo estar también en las pantallas?». Ahí me nació la chispa de que también podía ser actor de cine si ya era yo actor de teatro.

Luego vino sola mi segunda experiencia en el cine. Como si eso ya estaba predestinado para mí. Estaba trabajando en el Teatro Experimental Rubén Darío, con la obra «La falda pantalón», porque me hicieron una foto para el casting, yo hacía dos papeles ahí, uno que era un espectador y me peinaba con bastante brillantina para atrás y así me tomaron la foto del casting, y el otro, me limpiaba bien el pelo y me lo hacía como encolochado y bajaba sobre la frente, era el mesero.

Esta obra «La falda pantalón» es de Adolfo Calero Orozco, con la presencia y dirección suya, la codirigía Socorrito Bonilla Castellón y estaban como actrices doña Blanca Amador y Evelyn Martínez, increíble la experiencia. Estaba también Pepe Ruiz, el narrador deportivo, es la única obra de teatro en la que trabajó en su vida, pero lo hizo muy bien.

Y llegaron un día unos cineastas a vernos. Cuando ya terminamos, se corrió la bola en el lugar: «Ahí están unos cineastas, están entrevistando a doña Blanca Amador», después llegaron donde mí. Era Felipe Hernández con doña Margarita Álvarez de Castro Farías y el cineasta Fernando Durán, el director de la película. Entonces dice el director con su puro: «Tómele una foto a este joven, ¿cuál es su nombre?», me saluda dispuesto, «Hugo Hernández Oviedo, amigo», le digo con el modo como saludan los mexicanos. «Llegue por allá, ya lo vimos actuar, llegue por allá», se despidió. Y nos tomaron fotos a todos y los que quedamos clasificados fuimos doña Blanca Amador, Ruth Obregón y yo, del elenco de esa obra, claro. Así fue como nos contrataron para la película *Milagro en el bosque*. Nos escogió el propio director de la película.

Esa película era un proyecto personal de doña Margarita Álvarez de Castro Farías. Cuando inició el rodaje ya había fallecido su esposo, el cineasta chileno Enrique Castro Farías, que tenía una productora de cine que realizaba documentales para el gobierno de Somoza y para el gobierno de Honduras, eran noticieros cinematográficos de inauguraciones de obras, de edificios, de las obras sociales, de la alcaldía, cosas de forma oficial sobre las acciones del gobierno. Este matrimonio vivía desde 1963 en Nicaragua. Eran chilenos.

Entonces doña Margarita invitó al cineasta mexicano Fernando Durán para que le dirigiera la película, ella y un sacerdote español habían escrito el guion y habían filmado dos documentales sobre la historia de Santo Domingo. La empresa se llamaba EDICIN y esa película nunca fue dirigida por el señor Felipe Hernández, que después del terremoto andaba diciendo que la película era suya. Nosotros nos quedamos con la boca abierta porque lo vimos cómo él era ayudante y hacía solo cámaras auxiliares, dirigido por Manuel Tejada, él no hizo ni la cámara principal, solo era un asistente, pero los cineastas que vinieron de México lo trataron con mucha deferencia por ser un compatriota de ellos que vivía aquí en Nicaragua y fue como su referencia local.

Voy a contar algo especial. Después del terremoto doña Margarita se enfermó de depresión porque Felipe

Hernández le hizo una gran demanda y ella perdió mucho dinero, además perdió propiedades y dinero en el banco debido al terremoto. Cuando yo ya vivía en México la fui a entrevistar para conversar con ella sobre su experiencia. En Nicaragua ella era elegantísima y tenía unos hermosos ojos que todo mundo tenía con ver con ellos. Me recibió en su casa en la Colonia Roma en Ciudad de México, elegante, con una gran capa como de Persia y me contó de esa experiencia en Managua. A mí fue la única persona que le concedió ella una entrevista sobre el tema porque éramos amigos, con los periodistas de Nicaragua nunca quiso hablar, y me contó todo de su experiencia después del rodaje porque la película se rodó entre julio y agosto de 1972, los cineastas se devolvieron a México con los rollos de la película, como era natural, y en diciembre ya estábamos viviendo la desgracia del terremoto, que fue fatal, toda la ciudad destruida y miles de muertos.

Ella en su casa en México tenía muchísimos archivos y cintas originales con imágenes de Nicaragua que nunca se habían visto en 1976 en nuestro país. Creo que tampoco hasta ahora se han visto. Y los iba a vender a una universidad de Estados Unidos como archivo fílmico general, también las cintas originales de la película *Milagro en el bosque*. La cinta que ha circulado en Nicaragua por mucho tiempo era una copia en la que Felipe Hernández había cortado los créditos originales y se puso él como director y a mucha otra gente que le ayudó a hacer una nueva versión de la película porque esa que hoy se ve no es la original, ni nunca se ha visto en Nicaragua el verdadero corte final dirigido por Fernando Durán.

En México también actué en una película dirigida por Fernando Durán. Se acordó de mí cuando lo fui a visitar en 1976 para contarle que ya estaba yo viviendo en México, que estaba preparando mi portafolios y buscando trabajo como actor. Él iba saliendo de su casa, así que para que habláramos me llevó al evento al que él estaba invitado y ya iba saliendo, más bien iba tarde. Compartimos ese almuerzo al que él iba, muy amable me pidió que lo acompañara porque le interesaba conversar con un nicaragüense sobre el caso de doña Margarita Álvarez y *Milagro en el bosque*, tema que lo tenía muy inquieto.

Había en ese lugar gente famosa como Juan Gabriel y Verónica Castro, una sobrina de Pedro Infante, etc. Y ahí me invitó a actuar en su próxima película. Quedamos en la misma mesa y en el mismo ángulo y mientras comíamos me habló del pesar que le daba todo lo que había pasado con *Milagro en el bosque* y cómo le habían quitado su película a doña Margarita. Él le había dado a ella el cheque que el sindicato de directores mexicanos le había pagado por dirigirla, pues sabía que ella perdió mucho dinero por el juicio que tenía con Felipe Hernández, además perdió por el terremoto de Managua, era viuda y tenía muchos gastos en México. Todavía me arrepiento porque le hubiera sugerido a Fernando Durán que juntos le compráramos a ella la película original y así la hubiéramos rescatado, pero creo que al final esa universidad de Estados Unidos se la compró a ella por más dinero del que nosotros podríamos ofrecerle y a mí Fernando Durán me había ofrecido el papel en su nueva película y todavía yo no tenía mis emolumentos, así que no podía aún ofrecer nada. De modo que lo que en Nicaragua se ha visto de *Milagro en el bosque* no es la verdadera película y por puro descuido no quedó en manos de personas nicaragüenses siendo una obra cinematográfica muy importante en la historia del cine en Nicaragua. Esa segunda película de Fernando Durán en la que actué es

Héroes de los mares, mis actuaciones son al lado del actor brasileño Milton Rodrigues; fue filmada en Acapulco en 1978.

Felipe Hernández después se fue huyendo y sin dinero y sin nada porque vino el nuevo gobierno en 1979 y le confiscaron la empresa. De esa empresa de cine que él tenía, el noventa por ciento de los activos eran los equipos de doña Margarita porque ella dejó todo abandonado después del terremoto y sin su amado esposo ya no le interesaba Nicaragua ni las cosas materiales.

Con *Milagro en el bosque* yo me sentí pleno, mis actuaciones al lado de Blanca Amador necesitaron de pocas repeticiones, los cineastas ahorraban mucha cinta con nosotros, llegábamos bien aprendidos, ensayados, todo fue fácil. En esa película actúa mi hijo Hugo en un personaje secundario y mi hijo Guadalupe dobla la voz de otro niño. El niño que hacía el papel de mi hijo en la película era de apellido Hernández y yo solo pensaba que cualquiera de mis dos hijos varones pudieran haber hecho ese papel. Pero así quedaron repartidos los personajes por los directores de casting. Mi hijo Guadalupe con el color de sus ojos verde azulado y su piel blanca no iba a quedar bien en el papel de un niño campesino criollo porque la película fue filmada en colores, pero como mi hijo Hugo era moreno quedó perfecto. Ya la vida le dio tantos papeles importantes en grandes televisiones, telenovelas y teatros a mi hijo Guadalupe.

La película se estrenó el 9 de enero de 1975 en el Cine Blanco, en medio de un juicio civil que al final el juez dictaminó a favor de doña Margarita, pero la gente no dejaba de llenar la sala porque justamente aparecían imágenes de la Managua casi recién destruida por el terremoto. No hubo cineforo como hubiera querido doña Margarita, ni el

90

banquete mexicano que ella había planeado para su estreno, con mariachis, ni los cineastas mexicanos vinieron para una rueda de prensa; fue muy triste el estreno, triste para nosotros que formamos parte del reparto y que conocimos de cerca la producción de la película y todas sus intimidades. Para el público fue una experiencia feliz porque no siempre había una película de ficción en los cines que fuera producción nicaragüense y el Cine Blanco sobrevivió al terremoto, luego de unos estudios que le hicieron concluyeron que sí servía para seguir albergando espectáculos. Todavía existe ese edificio hoy en día y en buen estado estructural.

Cada año en agosto se trasmite en la televisión esta película y me han entrevistado tantas veces sobre eso. Realmente hubiera salido muy favorecida Nicaragua si este sindicado de directores mexicanos hubiera seguido haciendo películas en nuestro país, como era el plan. Pero el terremoto cambió la historia de Nicaragua y también su arte fue afectado. Quedamos damnificados en general como pueblo nicaragüense pues en Managua estaban todas las sedes diplomáticas, los edificios del gobierno, los bancos. Tal vez el resto del país no se vio afectado por el sismo, pero sí por sus consecuencias. Los desaparecidos eran muchísimos, se reactivó el comercio y levantaron nuevos cines y nuevos repartos y calles, pero nunca fue lo mismo. Para mí lo más importante fue haber salido ileso con mi familia. Mi hijo menor tenía apenas un año y medio y era un niño de brazos y pañales. Muchos nos quedamos sin empleo.

Poco después del terremoto comencé a pensar en irme a México a probar suerte, hablé con Olivia y vimos que no era fácil, así que hasta 1975 pude hacer mi viaje que duró casi dieciséis años, aunque yo nunca me fui de México, es decir, físicamente sí; pero México jamás se ha ido de mi corazón. Allá vivimos otro terremoto en 1985, al que sobrevivimos ilesos nuevamente. Mis hijos y yo salimos a recorrer las calles y estábamos asombrados de la fuerza de la naturaleza, además no podíamos entrar al apartamento porque se había ordenado que nadie entrara de nuevo a los edificios y casas. Caminamos y tomamos algunas fotos con mi cámara personal, fue increíble cómo ese terrible terremoto respetó los grandes edificios históricos de los que goza esa grande y bellísima ciudad. Murió muchísima gente. Me sentí igual de desolado como me sentí cuando ocurrió el terremoto de Nicaragua hacía trece años. Pero me consolé al ver que muchos padres lloraban a sus hijos y a los míos los tenía conmigo caminando por aquellas calles y juntos viendo los edificios quebrados y el desastre.

Actué también en otras películas: *En la tormenta* en 1980, *Ángel del barrio* en 1981, *Te solté la rienda* en 1981, *Secuestro* en 1982, *Sanctuary* en 1982; *Pirámide*, filmada en México y Nicaragua en 1983, y *El señor presidente* en 1983, dirigida por el cineasta cubano Manuel Octavio Gómez, que se rodó en Nicaragua y en Cuba. Para Nicaragua esta película significaba una gran producción porque por parte de nuestro país coproducía el Instituto Nicaragüense de Cine (INCINE), que era la institución encargada oficialmente del cine nacional, funcionaba como un ministerio. Mis escenas en *El señor presidente* fueron filmadas en Cuba y durante mi estancia allá conocí a mucha gente linda. Yo ya había ido a Cuba cuando hice ese viaje para filmar la película, ya conocía, había ido con el elenco de la obra «El nacatamal de oro» de Jesús «Chuno» Blandón, que también fue presentada en México y ganó varios premios. Para mí *El señor presidente* fue el fin de un ciclo de una serie de películas en las que trabajé de forma consecutiva desde 1978 que Fernando Durán me invitó a trabajar en *Héroes de los mares*.

En ese momento, en el tiempo de 1984 hasta 1987 quería hacer mis mejores esfuerzos para tener un carnet mexicano, pertenecer a algunas de las asociaciones de artistas porque sabía que era la mejor manera de saltar de ser un personaje secundario a un protagonista y siendo extranjero o no teniendo un sitio en algún sindicato no iba a poder nunca salir más adelante y lograr más de lo que ya había logrado, así fuera que viviera en México veinte o treinta años. Entonces me esforcé para que eso fuera posible. Ese reto también lo logré, como verán ustedes más adelante.

EXPERIENCIAS EN LA PANTALLA CHICA

Mi primera vez en la televisión fue en noviembre de 1958 en canal 6 con el programa de títeres que yo llegaba a animar en nombre de la empresa Nomar, como ya he contado. Después de ese, digamos, debut, perdí el miedo a las cámaras y hacía los *sketches* cómicos con Julio Soto. Éramos todo un elenco que escenificábamos cosas divertidas y contábamos chistes. La tercera vez fue cuando la obra «Por los caminos van los campesinos» fue presentada en vivo en la televisión. También fui una vez al programa «Domingo gigante» con el conductor Miguel Sobenes, ahí se promovía a los artistas nacionales y se hacía concursos dinámicos.

De mi actuación en la televisión, don Jesús «Chuno» Blandón, comentó una vez al periodista Isidro Rodríguez: «Después conocí su talento y profesionalismo cuando realizamos la comedia televisiva "Pensión Terremoto" en el canal 2, en la que Hugo deja plasmada sus cualidades de actor humorístico. Todo eso ocurrió en 1974, la impresión que Hugo me dejó como actor y como persona fue realmente extraordinaria». Y yo estoy agradecido de sus expresiones gentiles porque son palabras de un grande de la radio.

En 1976 y 1977 hice comerciales en Nicaragua que se presentaban en la televisión porque eran empresas muy populares que aún hoy en día existen. Me acuerdo que Bosco

Parrales me contrató para hacer un anuncio de la cerveza Victoria, me acuerdo bien de todo eso. Victoria que es una de las cervezas favoritas de los nicaragüenses. Después hice un anuncio para restaurantes y salía comiendo pollos, esa empresa era la Tip-Top cuando aún comenzaba. Y ahí aparecía a cada rato en la televisión porque esas empresas invertían mucho en la publicidad.

También en esa época apoyé el proyecto de Julio Orozco, el *Cancionero popular*, que se vendía en todo Centroamérica. Cuando yo vivía en México le mandaba todas las novedades, prácticamente era el corresponsal del *Cancionero popular* en México, y le enviaba las noticias del cine mexicano con algunas reseñas y comentarios míos. Ese cancionero se anunciaba en la televisión y para el spot se hizo grabaciones con mi voz. Recuerdo que esos anuncios fueron grabados en Radio Mundial porque Julio era grabador de radionovelas y tenía arte para esas cosas de publicidad comercial. En Radio Mundial, había olvidado decir, también participé en los inicios en mi vida artística en los programas «Cuentos cortos» y «Poemas del amanecer».

Yo era amigo del dramaturgo, actor y director actoral César Sobrevals, quien había venido a dirigir la Comedia Nacional y vivió en Nicaragua varios años, él fue quien me impulsó a dejar Nicaragua para comenzar nuevos horizontes en México. Tenía un programa en canal 2 al que llamó «El rancho de Sobrevals» y ahí yo actuaba y presentaba con él. Todo eso me permitió perder totalmente el miedo a las cámaras, pero sobre todo a las transmisiones en vivo. Ese programa existió a principio de los años setenta. Yo dirigía el programa mientras él se ocupaba de dirigir, junto con Socorro Bonilla Castellón, todo lo que tenía que ver con la

Comedia Nacional. En México actué en un spot de Diners Club y muchos años después actué en spots de DHL y de Western Union. Fui invitado para participar también en spots de la Lotería Nacional de Nicaragua y de la empresa de telefonía Movistar.

También a mi llegada a México fui secretario general del Club de Admiradores de Pedro Infante entre 1976 y 1978, y una vez me entrevistaron en su casa para TV Novelas y les mostré a los periodistas toda la casa: el sofá de Pedro, el gimnasio, su cine, la sala de peluquería, la sala sauna, la piscina, la sala del billar con su bar, sillones y tocadiscos. Todo. Yo a la vez entrevisté a la viuda de Pedro Infante, doña María Luisa León, para *Tiempo*, de Honduras, del que era corresponsal en México. También en otra ocasión entrevisté a la actriz Ana Martin para el mismo diario porque ella fue Miss Mundo y de eso se trató la entrevista. Muy poca gente sabe que ella tiene sangre nicaragüense y creen que es mexicana. Me hice amigo de la viuda de Pedro Infante, del hermano de Pedro, Ángel Infante, y de sus sobrinos; tengo guardadas muchas de las cartas que compartí con ellos y conservo las cintas de audio de todas mis entrevistas más importantes de esos tiempos.

En los años ochenta participé en dos películas que fueron filmadas para la televisión: *Las mujeres del Cuá* en 1979, que realizó el Sistema Sandinista de Televisión Nacional y *Por aquellos años* en 1983. También fueron realizadas para televisión las películas *El agiotista* y *No es ella, es él,* en las que tomé participación en la actuación. Después del año 2000 actué en las dos principales series de televisión que se han realizado en Nicaragua en los últimos tiempos: *Contracorriente* y *Sexto Sentido*. Durante esos años también aparecí en la televisión actuando en varios capítulos de la serie de cuentos radiales que fueron llevados a la pantalla en una adaptación para la pantalla chica, tomado del programa original «Pancho Madrigal». Ahí hice varios personajes, pero el más recordado es Chombo Pero, un viejito que a todo le ponía peros y hasta llegó al cielo y seguía poniéndole peros a las cosas.

MI VIAJE A MÉXICO

En 1975 di un gran salto en mi vida artística: me fui a México a buscar vida como actor y creo que la encontré. Mis fotografías y portafolios son los que testifican esos años, el portafolios lo cargaba bajo el brazo buscando trabajo como actor. Tengo tantos periódicos de esa época que dicen: «Actor nicaragüense sobresale en México», «Actor nica en el cine mexicano», «Actor nicaragüense entrevista a Cantinflas», «Hugo Hernández, nicaragüense directivo del Club de Admiradores de Pedro Infante», «Actor nicaragüense actúa al lado de Roberto Cobo», etc, etc. Hay otro titular que dice: «México para los mexicanos no funcionó con Hugo Hernández» y el texto comienza de esta manera: «En México no surtió efecto aquel famoso refrán: "México para los mexicanos". Lo decimos porque Hugo Hernández Oviedo durante su permanencia allá, estuvo rodeado de muchas personalidades artísticas que le dieron un trato único. No es de extrañarse que nuestro compatriota sea un excelente actor y estábamos seguros que regresaría de la ciudad azteca lleno de agradables experiencias».

Ahí están los periódicos publicados en México y en Nicaragua. Esa es la prueba de mi éxito. En México fui periodista, relacionista público, actor de teatro, cine y fotonovelas. Viví en México casi dieciséis años y en ese país fui muy feliz y conocí a mucha gente buena que me quiso y respetó mucho. Es mi segunda patria. Son tantas las publicaciones sobre mi vida artística que las conservo en cajas, tantas cajas que llenan una habitación entera. Soy una persona que trabajó mucho para conquistar todo lo que ha hecho. Desde los siete años me subí a las tablas y decidí no bajarme nunca.

Por ahí de 1974 o 1975 estando en Nicaragua me dije: «Estoy saturado, hice teatro, televisión y cine, ahora debo dar el salto a México». Dos de mis amigos artistas contribuyeron a «recibirme» allá, ellos son César Sobrevals y Juan Ángel Martínez, quien fue parte del elenco pionero de la versión en español de «Plaza Sésamo». Con Juan Ángel Martínez impulsé dos fotonovelas en Nicaragua poco antes de irme, una de estas es *Brenda*, en la que actúan hermosas actrices como Brenda Basset y Lesbia Espinoza. Las fotonovelas fueron escritas y dirigidas por mí, en una de ellas toman participación todos mis hijos, actúan como unos niños que quedaron huérfanos en el terremoto de 1972. Aquí ningún guionista ni teatrista nicaragüense se había atrevido a realizar una fotonovela, entonces eran muy populares en México y en Cuba. Creo que fui pionero en Nicaragua.

Editamos dos números. La primera se llama *Brenda* y la segunda *Juntos de la mano*. A la serie la llamamos *Novela Gráfica* y de lema le pusimos: «La fotonovela nica de gran futuro». En la segunda tomamos el texto de Noel Reyes Barahona con las actuaciones de Juan Ángel Martínez, Ruth Obregón, Maritza Cordero, Charles Delgadillo, Juanita Blandón y Niyirett Rousett. Se anunciaba con nosotros la radio Mundial, los estudios fotográficos, el Distrito Nacional, entre otros negocios privados e instituciones estatales.

CUANDO CONOCÍ A CANTINFLAS Y TRABAJÉ COMO SECRETARIO DE AÍDA CUEVAS

Soy un simple humano, un nicaragüense como cualquier otro que anda en los autobuses y va al mercado. Vivo con mi esposa, tengo mis hijos, llevo una vida sencilla, la vida que Dios me da. Si cuento mi anécdota de cómo conocí y traté con una de las grandes estrellas de México solo es porque estoy muy agradecido con la vida por haberme permitido conocerlo y demostrarles que lo que yo vi y escuché cuando estuve con él fue solo humildad, pese a su gran fama.

Yo trabajaba como secretario de Aída Cuevas, la famosa cantante mexicana, y su hermano Carlos Cuevas, gran bolerista. Están considerados los dos hermanos como grandes cantantes de México y me ligó un gran amor a la familia por medio de sus padres, don Alfonso Cuevas y doña Carlota Castillo de Cuevas.

Nos conocimos en un aniversario de un programa que tenía César Sobrevals, al que invitó a todos los artistas que él había entrevistado y me tocó, por asunto del destino, quedar junto a la familia Cuevas. Estaba a mi derecha don Alfonso Cuevas, a mi izquierda estaba Carlos Cuevas, enfrente estaba doña Carlota —la mamá de Carlos y de Aída— y ahí comenzamos a hablar. César habló de mí, dijo que había hecho cine, que era un gran actor nicaragüense y que era

100

periodista, y don Alfonso se interesó en mí y me dice: «¿Te gustaría trabajar con nosotros? Vas a escribirnos las notas de lo que haga Aída en el mundo del espectáculo». Son dieciocho periódicos en México y me encargué de hacerles fotografías a Aída y a Carlos. Y este es el secreto que los llevó al éxito: el mismo mensaje lo «revolcaba», con diferente foto, era el mismo contenido, pero medio «revolcadito» con párrafos cambiados y con solo remover de posición las cosas ya hacía una nota distinta, y estos textos los mandaba a los dieciocho periódicos y todos me los publicaban. Eso fue el éxito porque salían casi cada día en todos los diarios.

Guardo un periódico donde dice Aída: «Gracias a Hugo Hernández Oviedo mi popularidad ha crecido en Centroamérica». Porque efectivamente yo anduve en todo Centroamérica regalando discos en las radioemisoras y fui hasta *Escuela para todos* con un disco de Aída y una nota, y me la publicaron. Entonces fui un buen agente publicitario de Aída, fui su secretario y, sobre todo, vale mucho esa gran amistad que nos liga. Por cierto, trabajamos en una película por coincidencia totalmente desligada. Fue en una película que se llama *Te solté la rienda*, el actor principal era Humberto Cabañas, acompañado de Blanca Guerra. Yo era muy amigo de Humberto Cabañas porque vivía cerca de donde yo vivía en la Colonia Roma y lo entrevisté porque yo era corresponsal del diario *Tiempo* de San Pedro Sula, Honduras, y cuando lo entrevisté él iba a hacer esa película, así que me invitó a trabajar ahí. Yo ya tenía mi documento de la ANDA y todo fue más fácil. Hice un papel pequeño, estoy detrás de un muro viendo pasar a unos asesinos a sueldo, y estoy diciendo «Fulano ha matado a tantos» y así varios, entre los que iban pasando estaba Erick del Castillo, el primer actor de México, actuando como uno de los criminales. De tal manera que cuando voy a ver la película dice: «Actuación especial de Aída Cuevas». Ella trabajó en esa película cantando una canción de Armando Manzanero. Así es que la película la guarda Aída como recuerdo de ella y por fuerza me tiene ahí. Yo la guardo por ella y por Humberto Cabañas, que fue mi gran amigo y porque fui secretario de él también y manejé mucho sus asuntos con la prensa.

Resulta que llegaba a la casa de los Cuevas don Eduardo Moreno, sobrino de don Mario Moreno Cantinflas. Este señor era el de la economía, era el que manejaba las finanzas de don Mario y le dijo a don Alfonso Cuevas —porque los padres de don Alfonso fueron joyeros y manejaban todo de la industria de las joyas— «Don Alfonso, yo tengo una caja de joyas de mi tío y él quiere valorarlas y quiere que le haga una esquela con el peso, la descripción y en cuánto se puede valorar». Entonces estuvo trabajando en eso don Alfonso porque desde niño sabía de joyas.

Y ahí comenzó la amistad con el sobrino de Cantinflas porque a mí me llegaban los periódicos de Honduras y yo se los enseñaba a don Alfonso y don Alfonso se los enseñaba a don Eduardo Moreno. Y de repente don Eduardo dice: «Qué maravilla». Había un reportaje de Yolanda del Río, que fue cuando casi matan al papa Juan Pablo II y ese fue el titular. Y a mí se me enciende el foco. Y le digo: «Don Eduardo, aquí en México es muy difícil entrevistar a Mario Moreno Cantinflas, a María Félix y a Dolores del Río, ¿podría ser usted tan gentil de ayudarme a entrevistar a su tío?». «No se preocupe, Hugo», me dice y abre su billetera y saca una foto de don Mario y me dice: «Publíquela en su periódico y diga "Muy pronto entrevista con Mario Moreno Cantinflas"». Y yo dudo y le pregunto: «¿Y si no me la da?». Él insiste y me dice: «Usted póngala».

Me publicaron una foto chiquita en un cuarto de página. Cuando llega el periódico se lo doy a don Eduardo y don Eduardo se lo da a don Mario Moreno. Y dice don Mario: «Que venga ese periodista para acá, es muy sagaz». Y así es como logré entrevistar a Cantinflas, cosa que muchos periodistas de México, siendo mexicanos y siendo colegiados, tardaban años en conseguir alguna plática con Cantinflas y otros nunca lograron entrevistarlo en sus vidas como profesionales del periodismo, porque él, como todo personaje famoso, era una persona muy difícil de entrevistar. Además de eso estuve en su oficina, vi sus plumas, su traje colocado a un lado, sus libros, era un hombre de modos muy sencillos. Nos hicimos una foto con mi cámara personal y esta imagen es uno de esos tesoros que yo guardo con mucho recelo. Me publicaron una plana completa el 3 de mayo de 1981. Conservo las cintas con las que grabé esa entrevista. La hice con una grabadora de esas antiguas que eran más grandes que un cuaderno de estudiante. Algún día la podré digitalizar para compartirla en internet de forma gratuita para mi estimado público nicaragüense.

CUANDO INGRESÉ A LA ANDA

Ahora yo lo cuento y parece cosa fácil. A veces nos da la sensación de que en el pasado solo hay experiencias fáciles, pero mientras ese pasado es el presente uno vive lleno de preocupaciones y retos. En México uno puede relacionarse con mucha gente famosa, pero mientras no se pertenezca a una asociación mexicana de artistas o a un sindicado o no se tenga la nacionalidad mexicana es muy difícil poder triunfar y participar en los escenarios, que se abran los telones o que uno pueda subir a las tablas. Ahora que todo eso solo son mis recuerdos hasta yo mismo siento como que fue un sueño y como que mi vida mexicana hubiera sido fácil. Yo siempre estuve acompañado de Dios y encomendado a Él es que me fui a probar suerte.

Al comienzo hice un primer viaje y me hospedé en la casa de Juan Ángel Martínez para ver cómo era la situación allá porque solo conocía el México idealizado de las películas. Juan Ángel me presentaba con todos a donde íbamos, desde los técnicos hasta las estrellas que él conocía. Yo viajé con mis mejores ropas y mi casa en Managua la dejé encomendada con mi hijo Hugo, quien se hizo cargo de hacer algunos trabajos que yo hacía, como encuadernar libros de las oficinas del Registro de las Personas y cobrar ese dinero para el sustento de la casa.

Mi maleta era más esperanzas y sueños que el propio equipaje. Juan Ángel me aconsejó que lo primero era ir a los estudios fotográficos de México a hacerme fotos en distintas posiciones porque cuando uno envía sus papeles quieren ver nuestro perfil, la forma de nuestra frente, nuestra cara enojada, nuestra sonrisa, diferentes acciones, además de los datos físicos.

Uno de los problemas primeros que tuve fue el del visado. Mi visa era de turista y no podía trabajar con esa visa. Siempre declaré que iba a trabajar, nunca di una información falsa y pensé que si en alguna oficina de migración me devolvían por no tener permiso de trabajo entonces iba a hacer las cosas bien y regresarme a Nicaragua y no probar más. Pero ya ven ustedes que aquellos tiempos eran distintos, dije la verdad y me fue bien. Nunca me regresó ningún agente, me sellaban la visa y me dejaban pasar.

Fue gracias a Juan Ángel Martínez que comencé a trabajar en fotonovelas, como *Valle de lágrimas*, entre otras. Compartí escenas con Capulina y conocí a muchos actores de las fotonovelas, que eran distintos ambientes de los del cine y del teatro. Solo un actor muy versátil se mueve entre todos los sindicatos y puede triunfar en varias disciplinas del arte porque a veces uno se hace famoso en un área del espectáculo y no puede ceder su puesto e irse a explorar en otras cosas, volver y seguir siendo famoso. Si uno logra un puesto y se va, al regresar ya ha sido reemplazado. No es como en Nicaragua que los artistas son multifacéticos y brillan en distintas artes.

César Sobrevals me comunicó con la ANDA (Asociación Nacional de Actores de México), me ayudó a regularizar mis documentos y me pidieron tres cartas de recomendación. Presenté una carta de Sobrevals, una de Juan

Ángel Martínez y una del famoso José José. En 1986 hice mi primer casting para la asociación en el Teatro Jorge Negrete y les gustó mi actuación. Tenía currículum, había actuado desde 1966, así que ese año estaba cumpliendo veinte años como actor en diferentes artes como la radio, el teatro y el cine.

En México tenía mucha gente que podía darme cartas de recomendación, ya conocía a los Infante, a Margarita Álvarez, a los Cuevas, los directores de cine con los que había trabajado, a Fernando Durán. Había actuado en fotonovelas, obras de teatro, tantas cosas que llenaban las líneas de mi cronología en el arte. Fueron estos dos amigos tan estimados los que me ayudaron muchísimo en México, amistades que yo había construido en Nicaragua. Sobrevals, aunque trabajó en la Comedia Nacional, era un «forastero» en Nicaragua, como él me decía, y en mí y mi familia encontró amigos, así que cuando yo estuve en México me ayudó muchísimo, fue de esos ángeles que uno tiene en su vida.

En 1988 apareció una nota con una foto mía muy vistosa en la revista *Cine Mundial*, escrita por Melitón López y publicada el 20 de marzo. Era sobre la obra de teatro «Pastel de zarzamoras» y comienza de esta manera: «Destacada actuación logra Hugo Hernández Oviedo en la obra "Pastel de zarzamoras", que desde hace varios meses viene presentándose en la Casa del Lago de Chapultepec, bajo la acertada dirección de Alejandro Ainslie. La obra, que junto con "El jardín de las delicias" y "Muchacha del alma" integra el libro *Trilogía*, de Jesús González Dávila, encaja perfectamente en la sensibilidad del papel protagónico que representa Hernández Oviedo, quien por otra parte ha obtenido favorables comentarios».

Y la nota sigue dándome elogios. Fui protagonista de una obra que se presentaba en un sitio muy importante de la cultura en México, y sin ser mexicano. Todo esto me ayudó mucho una vez que logré ser aceptado por la ANDA. En esta obra actúo junto a la destacada actriz Guadalupe Cázares, Gonzalo Blanco Kiss y mi hijo Jorge Martín.

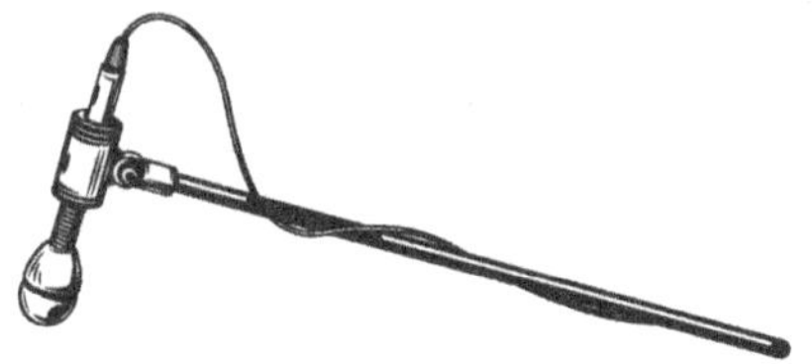

DISCOS DE DECLAMACIONES DE POESÍA

BASTA QUE EL ARTISTA APRENDA QUE SU ARTE VIVE Y EXISTE MIENTRAS HAYA PÚBLICO QUE LO RECIBA

En 1998 estaba muy enfermo y comencé el proyecto del disco de declamaciones de veintiséis poemas de Rubén Darío. Pero anteriormente había hecho un trabajo artesanal con poemas de Darío y me sentía tan enfermo que decía: «¿Qué le dejo a mis hijos si no tengo nada?, voy a tratar de hacer un poemario». Y el sueño mío era hacer siete discos. Mis hijos son seis, entonces quería uno para cada hijo y uno para mi esposa.

Como yo era director de la radio La Mera Mera, que estaba adscrita a Radio Nicaragua, tenía la facilidad del grabador, que estaba ahí disponible en sus horas libres. Le decía: «Hombré, te voy a pagar y grabá mis poemas», y así comenzamos. Él se llama Pedro David González, también me ayudó otro señor. Y comencé a formar los poemas poco a poco, con detalles, pero fue hasta el año 2000 que ya lo tenía casi todo terminado. Yo soy un hombre muy exigente, me ponía a escucharlo y si tenía una palabra mal pronunciada —nosotros los nicaragüenses nos comemos la letra S— si le hacía falta alguna gesticulación verbal, lo grababa de nuevo

108

todo hasta que me quedara a la perfección. La declamación es un trabajo muy duro porque es totalmente física y casi nada emocional. No quería grabar los poemas en trozos, sino que si me equivocaba comenzaba toda la declamación de nuevo desde el inicio del poema. También estuve grabando unos poemas en los estudios de radio El Pensamiento, con un señor de apellido Monjarrez.

Para la medición de la calidad yo tenía una crítica, una crítica de altura, era mi madrina, doña Lolita Soriano y mi padrino, el doctor Julián N. Guerrero, que en paz descansen, los dos murieron. Y yo les llevaba, emocionado, en *casette* lo que había grabado. «Ahora voy a grabar», le digo, «*Marcha triunfal*» y se lo llevé. «No, no, no me gusta», me dice doña Lolita, «está muy despacio. Es que eso tiene una onomatopeya, que debe oírse el tambor, el redoble del tambor». Entonces no borré ese y grabé otro con un ritmo más rápido y un tercero súper rápido, y después se los pasé los tres. «Ese se queda», me dice, y es el que está en el disco. Ya viene el cortejo, ya se oyen los claros clarines, dice el poema, y se oye el redoble del tambor. Entonces ellos fueron mis críticos, mis padrinos. Fui formándolo y para el final del año 2000 hablé con el director del Instituto Nicaragüense de Cultura, el señor Clemente Guido Martínez, y le dije que yo ya tenía el trabajo hecho, que si me patrocinaba las copias.

La portada del disco también la diseñé. Claro que en el escaneo y todo lo digital me auxilié de alguien, pero la idea y todo el concepto fue mío. Entonces me mandó don Clemente con una nota donde un gran amigo mío, el dueño de la discoteca Juvenil, don Jacinto Acosta, y le llevé la orden del señor Clemente Guido y comenzó él a trabajar.

Yo llevaba treinta poemas, pero porque era demasiado material y se saturaba el disco, se quedaron veintiséis. Por supuesto que eso fue con ayuda de los amigos del técnico de la disquera. Me dice un día que llegué: «Don Hugo, le quitamos cuatro poemas porque está muy saturado para sacar treinta en el disco y quedaron veintiséis». Yo acepté la escogencia que hizo él de los cuatro eliminados, no estuve en desacuerdo porque además fue una decisión técnica. De tal manera que él hizo el trabajo de grabación —don Jacinto Acosta — y el 31 de enero del 2001 se hizo el lanzamiento en el Salón Azul del Palacio Nacional de la Cultura, con asistencia de artistas, intelectuales, gente de la banca y el comercio, políticos y periodistas. Y ahí declamé. Para mí es uno de mis días inolvidables, una de las fechas más inolvidables por haber tenido ese agasajo de parte del director del Instituto Nicaragüense de Cultura.

Luego se realizaron unos videos. El Instituto Nicaragüense de Cultura dio a forrar, por decirlo así, con imágenes, como un videoclip, cinco poemas de estos de mi declamación, entre ellos *Lo Fatal, Terremoto…* etc. Y los estrenaron exactamente el día que yo iba a hacer mi lanzamiento y salió en la televisión una niña presentándolos. Salieron muy lindas las imágenes, hizo los videos Wílmor López, mi amigo. No tengo los videos originales, yo los copié de la televisión, pero quedaron mal copiados, borrosos. Después me enteré de que se hizo una cantidad para venta pública y tuvo una buena aceptación. Y así ese disco tuvo una muy buena acogida en la presentación.

Se hicieron como dos mil copias. A mí el señor Clemente Guido me dio quinientos. Se vendían en el Palacio Nacional de la Cultura, yo los míos los regalé, generalmente yo los regalo, es como una devoción dariana a Rubén y me encanta regalarles a los amigos que saben estimarlo. Pasó el tiempo y se acabaron, entonces estuve haciendo copias así sin rotulaciones, para los amigos. E incluso, todavía me están pidiendo de otro trabajo que hice en México, «Mi Cristo roto». «Don Hugo, ¿me puede hacer uno?», y yo siempre los regalo. Sobre mí escribió una minibiografía mi linda e inolvidable madrina, doña Lolita Soriano, y en ese texto menciona nuestra experiencia sobre los poemas grabados y sobre sus impresiones ya que fue ella quien los aceptó y dio el visto bueno.

Ese disco anduve regalándolo en las radioemisoras cuando se conmemoraba a Rubén Darío, entonces sonaba en todas las radios por muchos años. Fui a *La Prensa*, *El Nuevo Diario* y el periódico *Hoy*, todos me apoyaron con la promoción, hubo una onda espiritual, artística, emotiva porque lo llevé a todas las radios y en todas estas me los transmitieron, igualmente en el segundo lanzamiento del disco en 2006, que salió con apoyo de la institución Telcor. Es hasta el día de hoy y las radios tienen mis poemas y cuando llegan las fechas conmemorativas de Rubén Darío los transmiten. A veces he ido en un taxi y en la radio suenan mis poemas, no es una sola vez que los he escuchado desde el tablero de un automóvil en la calle o en un autobús. No siempre dicen que es en la voz de Hugo Hernández Oviedo, no siempre me dan el crédito, pero lo más importante es que quedan en la memoria del oyente.

Yo nunca cobré nada ni pensaba que los emolumentos eran lo mío. De ese disco gané la admiración del público únicamente, porque las copias que me dieron por derechos de autor todas las regalé y esa fue la mayor difusión de mi obra que he podido dar: regalar mis cosas. El arte se admira mucho en Nicaragua, solo que la mayoría de la población no puede adquirir un libro, un disco, una pintura, una escultura y no por no poder adquirirlos quiere decir que no sepan valorarlos.

Eso de «regalar» el trabajo a veces se considera mal visto o que el artista se desgasta por algo y que no es valorado. Yo puedo cobrar mis derechos de autor por trabajar en una obra, pero luego puedo obsequiar al pueblo, al «gentío popular», como decía un poeta, esa cultura que si no llega a las personas de forma gratuita entonces no llegaría nunca.

Cuando he ido a las universidades y a los colegios a hablar sobre cultura, teatro o sobre mi vida como testimonio de superación, he visto la sencillez como llegan los jóvenes estudiantes, igual como era yo, me veo en ellos: joven, de clase humilde, soñador, zapatos gastados y con metas. Pero a mí me apoyaron y demostré que podía. Muchos de esos muchachos necesitan un estímulo, que les lleven teatro del bueno, buenos declamadores, libros o discos de declamaciones porque estudian a Rubén Darío en los programas de clase, solo basta con que el artista aprenda que su arte vive y existe mientras haya público que lo reciba, el arte no existe porque te escriban tu nombre y una suma en un papelito llamado cheque.

Por eso quiero que se recuerde a Hugo Hernández Oviedo como una persona que dio su arte por amor y empatía con los otros y no por ser un charlatán o un estafador. Y creo firmemente que el arte, es decir, acceder al arte y a la cultura es un derecho humano. Mi contribución al colaborar desde muy joven con espíritu altruista ha sido mi voto para el cumplimiento de los derechos humanos. Felizmente puedo decir, en un ochenta por ciento de mis años como artista he «regalado» mi trabajo, y ahora a mis años miro hacia atrás y me enorgullezco de ello. Quiero que así se mire en el futuro todo mi legado.

Otro de mis discos de declamaciones es *Antología poética nicaragüense*, publicado en 2004, que se presentó con motivo de mi cumpleaños el 10 de septiembre. Son veinticinco poemas, desde *La bala* de Salomón de la Selva hasta *Ventana* de Alfonso Cortés y otro de Pablo Antonio Cuadra, sin faltar nuestro inmenso Rubén Darío. Ahí incluí un poema de mi hijo Jorge Hernández Iglesias. Para ese disco tuve el apoyo del grabador Luis Urbina Sequeira, con una masterización en México por Eutimio Castillo. Ese disco quedó muy hermoso, pero grabarlo fue una hazaña porque estuve mucho tiempo con ataques de asma y, como ya les he contado, la declamación es puro ejercicio físico, casi no es de sentimientos. Creo que la declamación es la mayor expresión de representación que existe, y sigue después el cantar y luego baja la escala en la actuación, sobre todo cuando se hace monólogos. Así los clasifico por mi propia experiencia, no estoy tratando de crear teorías.

No puedo dejar de mencionar mi disco de declamaciones *Cuando un amigo se va*, realizado con el mismo equipo de trabajo, en el que incluyo poemas que fueron canciones como *Amigo*, de Roberto Carlos, *Poema 15* de Pablo Neruda, *La noche es una mujer desconocida* de Pablo Antonio Cuadra, entre muchos otros, son en total trece poemas.

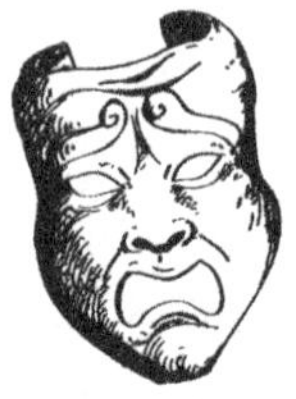

LOS DIFÍCILES AÑOS 2000

Después de salir de la radio La Mera Mera en 2001 estuve unos años muy enfermo del páncreas, tenía muchos episodios de asma y después me vino un cáncer de próstata, que pude erradicar gracias a una operación muy delicada a la que fui sometido y que me hizo pensar mucho en el fin de mis días. Pero después de la cirugía desapareció el cáncer y he vivido diez años más con una salud bastante buena pues sigo trabajando en los escenarios como director actoral.

Los años después del 2001 fueron difíciles porque cuando salí de la radio tenía sesenta y tres años. Estaba en época de jubilación. Algunos amigos periodistas de *El Nuevo Diario* y *La Prensa* publicaron reportajes sobre mí, en todos estos textos ellos reclamaban una pensión de gracia o cualquier otro tipo de pensión o reconocimiento económico por mi trayectoria porque me veían con muchos años dedicados al arte, pero sin reconocimientos económicos. Siempre he vivido en sencillez y he sobrevivido de mi trabajo. Cuando uno se hace mayor es contratado para hacer papeles de anciano o no es contratado. Y no fueron tiempos fáciles porque eran de incertidumbre. Creo que todos después de los sesenta años, si nos vemos desempleados, enfermos y solo haciendo pequeños trabajos, entramos en una temporada de reflexión.

Alguna vez me sentí así aún en mi juventud y escribí este poema en los días cuando estaba cumpliendo treinta y tres años y mi hijo menor tenía solo meses de nacido. Este poema es *No quiero vivir.*

NO QUIERO VIVIR

Increíblemente no quiero la vida
a pesar de que tengo todo,
satisfactoriamente todo.
Esposa la más abnegada,
hijos simpáticos,
madre la más buena,
padre el más sincero.
¿Amigos? Bueno…
Tengo malos y buenos.
No tengo dinero
pero soy millonario
en el caudal grandioso
del espíritu.
Tengo alma sensitiva,
tengo amor a lo desconocido,
tengo el gran deseo
del Más Allá.
¡Quiero descubrir la incógnita,
bella y sublime Muerte!

Septiembre de 1971.
Managua, Nicaragua.

Así me sentía en ese tiempo pese a que solo un año antes, el 13 de septiembre de 1970, aparecían en *La Prensa* unas fotos mías como actor, con elogios de Ruth Argüello en la página de *Sociales*: «Hugo Hernández Oviedo, polifacético artista de la radio y la televisión nicaragüense, con prestigiada trayectoria de éxitos, ya que como pocos amantes del arte posee la devoción y pasión para la interpretación dramática y sensitiva de la poesía nacional, por lo que ha conquistado el aplauso frenético en el escenario del Teatro Nacional Rubén Darío en donde se presentó el jueves 10 de septiembre con el Conjunto de Danza Folklórico de Irene López. Hugo puso maestría y emoción declamando la inolvidable estampa nicaragüense *Del trópico*, de Rubén Darío, también el decorado de la sobria escenografía campestre fue pintado por Hugo, a quien felicitamos por su nuevo triunfo». La misma nota fue publicada ese domingo en el diario *Novedades*.

Mi buen amigo, el periodista Mario Fulvio Espinoza, publicó una entrevista muy linda en *La Prensa* el 13 de marzo de 2005, ahí él titula: «Hugo Hernández rechazó el destino de ser zapatero». El título es correcto, yo rechacé ese destino porque decidí no seguir el oficio de los varones de mi familia, pero nunca fui zapatero, yo siempre fui contador, es lo que estudié, los otros oficios los aprendí en la vida. En esa entrevista él refuerza esta idea de cuándo iría yo a recibir una pensión o un reconocimiento que tuviera nivel nacional, pero creo que las autoridades leían las noticias y no tomaban nota de lo que sucedía con el mundo del arte para escribir en su agenda y pensar qué pueden hacer por las personas que salen en las noticias, y más aún si son personas que han puesto en alto el nombre de Nicaragua.

También el periodista José León Jiménez me había entrevistado unos años antes para *La Tribuna* y en este escrito refiere lo mismo, que necesitaba una pensión. Su nota salió el 25 de enero de 1997, yo trabajaba aún en la radio La Mera Mera, pero no me quejé de sus sugerencias porque conozco mi trabajo y mi esfuerzo y creo que lo merecía. Él me describe ahí como «un actor original». Me gustó mucho porque cuando yo era pequeño mi bella madre, para corregirme cuando hacía algo incorrecto, me decía que yo era original y que no tenía por qué estar imitando a ningún niño en sus cosas malas. Claro que esto me lo decía cuando yo llegaba a la casa haciendo algunas muecas o diciendo malas palabras. Mi mamá era adorada por mí, lo que ella decía era escrito en piedra y puedo decir que era un niño obediente. Y sí, afirmo que sí soy un actor original, todos somos originales y no tenemos ni copia ni patrones. Con esto último quiero decir que no tenemos copia porque nadie puede ni debe seguirnos ni copiarnos, ni siquiera nuestros hijos; y no tenemos patrones porque no somos dibujos de figurín del que nos tengamos que copiar o del que nos hayan recortado. Somos originales, sin presente ni pasado. Y no estoy hablando de genética ni de herencia familiar.

En el año 2006, el periodista Edwin Sánchez publicó el perfil biográfico que tituló: «Hugo Hernández Oviedo interpreta su retiro. Una vida por amor al arte» y apareció en la sección *Personajes* de *El Nuevo Diario*. Nuevamente un amigo periodista reclama, sin yo pedírselo, una pensión de gracia y en un recuadro escribe: «Tal vez los diputados se acuerdan de Hugo Hernández Oviedo». Él me encontró con un nebulizador al lado cuando vino a mi casa a entrevistarme y seguramente le pareció que me moría, pero debo confesar que yo no estaba muy bien de salud.

Erasmo Alizaga me había invitado a trabajar en la Escuela Nacional de Teatro que ya se llamaba Pilar Aguirre, como nuestra gran primera actriz nacional y mi amiga. Pero tuve que declinar porque tenía problemas del corazón y demasiadas crisis de asma. Así se podría trabajar si el empleo se tratara de estar sentado y en mi casa o sentado en una oficina y con un recorrido del personal en un autobús, pero no para estar sobre las tablas o haciendo los ejercicios actorales, físicos, de respiración, casi de gimnasia con un grupo de alumnos. Pero en esa ocasión las autoridades leyeron el clamor de este amigo periodista y solo hicieron eso: leer. Y recuerdo que le expresé esto a este amigo del periódico cuando me preguntó si en Nicaragua se reconocía el trabajo de un actor: «Creo que no se aprecia, porque desde qué años estoy tratando de llegar a la Asamblea Nacional para que me den una pensión de gracia, y ni siquiera he podido entrar. Ya me siento viejo, creo que no llegaré a vivir más de cinco años más. Se metió un anteproyecto hace cinco años, me dieron diez mil córdobas en una sola ocasión. Esto no es algo regular. A través de *El Nuevo Diario* ruego a todos los diputados que se acuerden de Hugo Hernández Oviedo. Quizá me autorizan una pensión para estos pocos años que me quedan».

Eso lo dije en 2006, pero ya he vivido doce años más porque así lo ha querido Dios. Pero poco a poco las cosas cambiaron, hice algunos papeles de representación actoral y me sentí mejor como artista y después de 2007 los diputados de la Asamblea Nacional sí se acordaron de mí y me dieron una pensión razonable. Además, en 2016 me dieron un reconocimiento lindo, tanto la Asamblea Nacional como el Teatro Nacional Rubén Darío, y me entregaron un diploma precioso que parece como los títulos universitarios. Por fin recibí el reconocimiento y comencé a trabajar como director actoral en el CLAM (Círculo Literario del Adulto Mayor) y como profesor actoral con el Instituto Nicaragüense de Cultura, dirigido por el arquitecto Luis Morales Alonso.

Todo esto lo quiero dejar aquí por escrito porque la vida tiene tristezas y alegrías y esos tiempos tristes no quiero que queden en el olvido. Mis nietos y mis bisnietos leerán este libro y se darán cuenta de que la vida no es fácil, pero que siempre hay ángeles y amigos, siempre llega la luz, aunque el camino sea oscuro. Eso yo lo tengo comprobado. Pero el mayor regalo que me ha dado Dios es que no me ha tocado llorar a mi esposa ni a mis hijos, pese a los duros tiempos que hemos pasado como familia. Todas las familias evolucionan y pasan tiempos felices y no tan felices. La alegría y la tristeza son naturales a las personas.

Este tema lo resalto porque después de mi cáncer de próstata, que fue erradicado por una operación, se enfermó mi esposa Olivia de un cáncer de mama y también fue sometida a cirugía y ese mal se fue de ella. La tristeza volvió a nuestra casa nuevamente y a Olivia la apoyé en todo lo que pude, siempre estuve a su lado en compañía de mi hija Gloria María, que estaba pendiente de ella. Olivia estuvo conmigo en mi gran preocupación y después mis dos hombros estuvieron sosteniéndola a ella en su enfermedad. El cáncer se fue de nuestra casa y ella y yo estamos curados. Es por eso que digo que la felicidad y la tristeza acompañan al ser humano desde que nace.

MIS RECIENTES EXPERIENCIAS ACTORALES

Como he comentado antes, actué en 2005 en el cortometraje de ficción del director Rafael Ruiz, *Orión*, que se filmó en el Teatro Nacional Rubén Darío. Tomé parte en la obra *Todo tiempo futuro fue mejor* del filósofo nicaragüense Alejandro Serrano Caldera. Los jóvenes Tomás Arce, Joel Molina y Álvaro Cantillanos me consideraron para aparecer en su filme *Ruteados*, actué en las series de televisión *Contracorriente* y *Sexto Sentido* y recibí condecoraciones, medallas y diplomas.

A fines de los años 2000 y poco antes de 2010 realicé una gira por universidades y colegios para hablar de teatro y de las artes. En esta época comencé a escribir poesías y me encontré con el Círculo Literario del Adulto Mayor, donde hice muchos amigos. Este grupo trabajaba con la poesía en talleres para señores jubilados que después de una vida laboral se regresan a sus casas y no hacen más que envejecer. Pero este grupo lo que hacía era reunir a personas de la tercera edad para mantener la mente ocupada con talleres de literarios, recitales y otros eventos.

Entonces llegué a dirigir teatro con ellos, escribí varias obras e hice adaptaciones de dramaturgos para crear una primera obra de teatro con estos amigos y experimentar. Ellos escribían, pero el teatro requiere de ejercicio físico y de mucha memorización, por lo que la Biblioteca Alemana

Nicaragüense, que apoyaba al CLAM, consideró que se trataba de un buen oficio, ideal para los señores mayores, ya que nuestras mentes iban a estar más ocupadas aprendiendo los diálogos y ensayando las obras. Esta iniciativa ha ayudado durante los años que existe a muchas personas que se retiran y caen en enfermedades o en depresión después de una vida laboral consecutiva. Hoy en día este proyecto se llama Grupo de Teatro Hugo Hernández Oviedo.

Después de 2010 mi experiencia ha sido distinta con el teatro y la poesía. He comenzado a escribir con estos talleres, a reactivar al poeta que fui en la juventud, como les conté antes, que escribí mucha poesía, pero la perdí para siempre porque nunca me guardé una copia.

También estuve detrás de las cámaras. Con el organismo Plan Internacional, por medio de Freddy Rostrán, me contrataron para escribir el documental *Homenaje a la patria*. Hice un casting con niños de los asentamientos y barrios más pobres de Managua. Busqué a los más vivarachos, luego experimenté con otros dos documentales apoyados por la misma ong.

Como dijo una vez sobre mí el periodista Isidro Rodríguez Silva en una publicación en *Bolsa de Noticias:* «Lo que es Carlos Martínez Rivas para la poesía o Armando Morales para la plástica, lo es Hugo Hernández Oviedo para el teatro nacional. Es el actor mas completo del movimiento actoral nicaragüense, tanto de la escena, la radio, la televisión y el cine». Sus palabras fueron muy bellas y me he sentido más que elogiado, esta nota la guardo con mucho cariño porque su figura comparativa es muy gentil. Carlos Martínez Rivas y Armando Morales son unos grandes personajes de nuestra cultura, me honra mucho que él me haya colocado al lado de ellos.

Esto lo escribió en ocasión de un homenaje que me hicieron en la Escuela Nacional de Teatro que lleva el nombre de mi bella amiga Pilar Aguirre y el Instituto Nicaragüense de Cultura en los días de la I Muestra de Teatro Hugo Hernández Oviedo, en la que me fue entregada la medalla de oro de parte de don Carlos Garzón, un gran mecenas de los artistas nacionales.

Diez años antes, en 1995, en ocasión del primer centenario del cine, el cineasta Rafael Vargarruiz, quien era el director de la Cinemateca Nacional en ese entonces, me condecoró con la medalla Gueguense de Oro por ser personaje de la historia del cine en Nicaragua como actor. Todos esos trofeos y diplomas y muchos otros los guardo con tanto cariño en una habitación de mi casa. Para mí son muy preciados e importantes.

Una de mis últimas grandes actuaciones fue en 2016, que con motivo del centenario de la muerte de Rubén Darío se presentó en Miami la obra *Rubén Darío: vida, obra, agonía y muerte*, dirigida por Christina Ocón con libretos de Miriam Benard, en la que actué al lado de mis hijos Guadalupe Antonio y Sara Hernández. Fue maravilloso para mí compartir con ellos el escenario. En ese mismo viaje, el Movimiento Mundial Dariano, dirigido por el profesor Héctor Darío Pastora, me entregó la Medalla del Centenario y vivimos tiempos maravillosos. Mi última representación actoral fue la «Judea» que presentamos en Semana Santa de 2019 con el grupo de teatro del Instituto Nicaragüense de Cultura.

MI DESCENDENCIA EN LA ACTUALIDAD

A mis años tengo ya bisnietos. Se acercan lo sesenta años de matrimonio con mi amada Olivia y quisiera celebrar los sesenta con ella y los ochenta de mi edad con un reconocimiento a mi familia. Este libro es lo mejor que puedo dejarles como legado, además de los valores y el amor a Dios y a la patria que pude haberles transmitido a todos porque a algunos nietos los he criado y los considero como hijos, en el caso de Larry, Brenda y Octavio.

Mi hijo Guadalupe Antonio ha seguido mis pasos en el arte. Es actor de cine, teatro y televisión en Miami. Ha actuado en telenovelas, series, spots, obras teatrales. Con mi esposa Olivia hemos estado frente al televisor esperando verlo en escena en distintas telenovelas a través de la televisión abierta. Es un actor muy exitoso y no dudo de que su triunfo será prolongado el resto de su vida.

Mi hijo Hugo vive en Estados Unidos con su esposa Dolores Palacios y mis dos nietas, Giovanna Huguette y Ana Gloria. Cuando era niño actuó en la película *Milagro en el bosque* y con su carácter sereno y tranquilo me apoyó mucho con la familia cuando yo estaba en México.

Mi hija Gloria María no ha seguido el mundo del arte, aunque participó en algunas fotonovelas y desde niña estuvo en una escuela de folklore y danza. Ella y mi nieto Robin son empresarios y personas trabajadoras.

Mi hijo Harold Emerson estudió Dirección y Producción de Radio y Televisión en México. Trabajó un tiempo como productor audiovisual en una oficina estatal en Nicaragua en los años noventa, pero desde entonces no ha ejercido su profesión. Él gusta más del comercio y los negocios como su hermana Gloria María.

Mi hija Sara ha seguido mis pasos en el arte. Es actriz en Miami, estudió actuación en Miami Dade College y pertenece a Actors Arena Group. Ha sido dirigida por grandes dramaturgos y directores actorales.

Mi hijo Jorge Martín fue un niño actor y participó en películas y obras de teatro desde muy pequeño, tenía su portafolios, estudió en México, además, escribe poesía. Junto con Guadalupe Antonio y Sara, es quien siguió mis pasos por un tiempo. En su vida actual trabaja como traductor y guía de turismo.

Mis nietos son Larry Emerson, Brenda Olivia, Octavio Anastasio, Giovanna Huguette, Ana Gloria, Robin, Hafid y Natalie Rosemary. Mis bisnietos son Emily Emerson y Mateo José, el bebecito de la familia.

Todos mis hijos han demostrado ser amantes del arte en distintas disciplinas y me han manifestado su amor de diferentes maneras desde la niñez. Quiero reproducir este poema que me escribió con mucho cariño mi hijo Hugo de la Concepción:

TE AGRADEZCO PAPÁ

*Te agradezco papá
por enseñarme a luchar,
te agradezco papá
por enseñarme a amar.*

*Te agradezco papá
tus consejos, tus regaños,
te agradezco papá
tus penas y mejores años.*

*Te agradezco por enseñarme a tener fe
porque me inyectaste el valor y voluntad.
La justicia, la comprensión, la honradez,
a trabajar arduamente desde mi niñez.*

*Ese empuje de siempre salir adelante,
de no dejarse vencer fácilmente,
de siempre ser audaz y perseverante
y de no olvidar tu raíz y tu gente.*

*Ese espíritu de lucha inquebrantable,
ese tu gran amor de padre,
ese amor a Dios y semejantes
y ese tu gran amor por las Bellas Artes.*

Te agradezco papá….. tu hijo.

Hugo Hernández Iglesias.
Tultitlán, Estado de México
4 de agosto de 1992.

LA PREPARACIÓN DE MIS
OCHENTA Y UN AÑOS

Para la preparación de mi cumpleaños ochenta y uno fui invitado en los meses de abril y mayo de 2019 a unos encuentros en el programa radial «El País Azul», conducido por mi querida amiga Martha Cecilia Ruiz, ella ha tomado las riendas, por decirlo así, del programa luego del fallecimiento de nuestro amigo, el profesor Mario Fulvio Espinoza, gran hombre, persona derecha y correcta. Marthita igualmente es una muchacha muy activa, poeta y radialista apasionada. Tuve el privilegio de acompañarla en el programa durante seis meses. La transmisión es los domingos a las siete de la mañana y de esta actividad me retiré por motivos de salud.

A estas sesiones me acompañó mi buena amiga Karly Gaitán Morales para conversar durante una hora en el programa que me fue dedicado por completo y dividimos cada encuentro para hablar de distintos temas, en cuatro facetas: Hugo Hernández el actor de teatro, el actor de cine —que este tema lo domina mejor que yo la periodista Karly Gaitán Morales, ella sabe de eso casi todo de mi vida en la parte del cine— y sobre Hugo declamador y actor en México. Para contar todo de mi vida necesitaríamos muchos programas, por lo que los estamos condensando en resumen y Karly nos está ayudando con su apoyo y entrevistas.

126

Además de esos programas de radio para dejar mi memoria biográfica contada por mi propia persona en estos programas, hicimos un viaje a Darío para visitar la casa natal de Rubén Darío. Una amiga nos hizo el tour y declamamos poesías en el anfiteatro y en las galerías de fotografías de Rubén y en la exposición de las portadas de sus libros. Fue un día maravilloso para celebrar a uno de los grandes. Allí fui entrevistado para el programa de televisión que se transmite en YouTube «Metapa Visión», de mi amigo, el profesor Fernando Vallejos con la cámara de nuestro amigo Adrián Salinas.

Recientemente, poco antes del viaje con ellos, había hecho un viaje con el Instituto Nicaragüense de Cultura para representar unas obras de teatro y visitar el mismo museo. Estas entrevistas que compartí con Karly y el profesor Vallejos corresponden a pláticas que tienen que ver con mi libro, que serán transcritas y vamos a revisar y corregir esos textos porque me han dicho ellos que es mucho más fácil si yo les cuento mi vida a mi manera y Karly luego levantará el texto. Esa es la mejor manera de rescatar los materiales para mi libro, ya que en el oficio de escribir he ido avanzando a un ritmo un poco lento, que no me ha permitido organizar bien los capítulos y terminarlos.

Pienso que para mis ochenta y un años que los cumpliré el 10 de septiembre de 2019, podremos tener algo avanzado de mi libro y organizar ese día una primera sesión de lectura, hacer un coctel en el que pueda leerle a mis amigos unos de los primeros capítulos, en los que se van a asombrar de cómo he tenido que luchar con la vida desde niño porque casi muero el mismo día de mi nacimiento. «Este muchachito ha sido muy valiente», decía mi padre que dijo el médico porque yo me empeñé en nacer, pero yo siempre he creído que la valiente ha sido mi madre, que tuvo un parto natural y pese a que sufrió horrible por muchas horas, ella pudo darme a luz. En eso tengo que diferir de las palabras de mi querido padre y del médico, ella era la heroína de mi nacimiento, la valiente.

Tal vez mi libro no esté listo para mi cumpleaños ochenta y uno, pero haremos el esfuerzo de que salga al público pronto, primero avanzando bastante en las entrevistas y después Karly tiene que trabajar mucho en organizármelo, pues ella muy gentilmente me está ayudando como mi «biógrafa», que es así como le digo yo.

Estoy feliz de la vida con mi proyecto, ahora sí ya me puedo morir tranquilo porque era un calvario para mí estar escribiendo, metiéndole cositas y detalles porque le preguntaba a Karly y ella me daba instrucciones. Pero ya este año 2019 le pedí formalmente su ayuda para este libro que yo lo llevo escribiendo y ordenando la información desde el año 2001, pero en orden y con disciplina poco he trabajado. Le solicité ser mi editora y comenzamos a prepararlo y a apoyarnos en las entrevistas, porque ese fue el método que ella me mostró que podría ayudarme a tener el texto en menos tiempo ya que me dice que soy mejor narrador oral que por escrito, debido a que en una hora yo puedo contar muchas cosas, muchas anécdotas, pero de escribir, quizás puedo escribir solo una línea en días. Con todo gusto aceptó ser mi compiladora y darle uniformidad a mis historias que yo las he venido contando en pedacitos. Para mí es un honor tener este estandarte y esta amistad noble de mi amiga, que además es investigadora y ha escrito varios libros.

Estoy feliz porque al fin se va a realizar mi sueño: mi libro *Tras bambalinas. La historia de mi vida.* Esto lo he dividido así: una parte de mi juventud, mi vida con mi esposa y mis hijos, y luego voy por etapas de mi carrera artística.

Las fases de mi historia no me han costado escribirlas. Por un tiempo iba anotando el título de cada obra en la que participé, el director y los actores principales.

En mi biografía cuento anécdotas, mi relación con mucha gente, como mi recuerdo de cuando estreché la mano de Pedro Infante y muchos años después me hice amigo de su viuda, doña María Luisa León. Ella me regaló un traje de Pedro, que ahí lo guardo, me obsequió una camarita que estaba en mal estado y Pedro la había comprado en Panamá, pero cuando se descompuso doña María Luisa me la regaló, yo la reparé, la guardo como un recuerdo y un mérito. Son dos objetos de Pedro Infante que están en mi poder. Para cualquiera pueden ser detallitos tontos, pero para mí fueron significativos.

Todos los hechos de mi vida han sido significativos y espero que mi libro lo sea para los lectores, las bibliotecas y las instituciones culturales de Nicaragua. Así sea.

ÁLBUM FOTOGRÁFICO

Imágenes propiedad del archivo privado
de la familia Hernández Iglesias

«Me siento muy orgulloso de haber nacido en León y en cuna humilde ya que mis padres, Carmen Oviedo Rosales y Anastasio Hernández Aguilar, eran una pareja amorosa que compartían un hogar muy pobre. Mi papá se ganaba la vida trabajando como conductor de un coche tirado por dos caballos y mi madre confeccionaba puros».

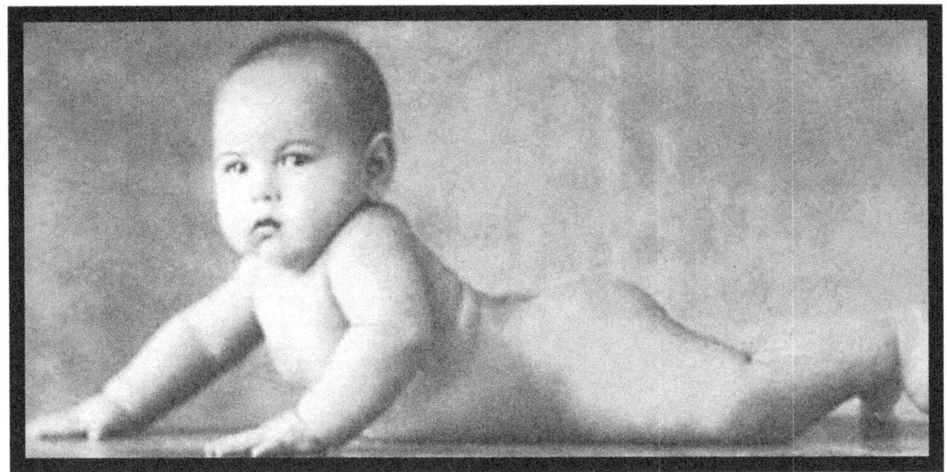

«El sábado 10 de septiembre de 1938, luego de una noche terrible porque mi vida o la de mi madre corrían peligro y tras el mal pronóstico de una partera y de un médico, nací a las seis de la mañana. El médico, tras muchas diligencias dolorosas, logró extraerme sano y lancé mi primer llanto al ver la luz primera del teatro de mi vida».

«Inicié mis estudios infantiles con la maestra del barrio, señorita Hortensia Pérez, quien además de impartir clases elaboraba cometas; alguna vez fui favorecido con uno de ellos en calidad de premio por mi buen comportamiento. Era yo muy pequeñito».

«Corría el año 1945, había cumplido seis años de edad, cuando entré a estudiar catequesis, preparándome para la primera comunión con monseñor Antolín Carvajal y Rocha, responsable de la iglesia de San Felipe, mi barrio en León. En las obras de teatro para reunir el dinero del desayuno de la comunión fue cuando inicié mi vida artística como actor».

«En mi adolescencia me dio clases de dibujo y declamación el profesor Napoleón Tercero, cuya esposa, Anita de Tercero, realizaba en el mes de diciembre de cada año las Pastorales, donde todos los personajes: José, María y Jesús eran actores, y los pastorcitos éramos los chavalos del barrio. Eran mis primeras actuaciones. Aquí estoy de doce años en 1950.».

«En mi juventud, 24 de diciembre de 1957. Con dedicatoria a mi esposa Olivia en nuestros tiempos de noviazgo: *Cuando el sol deje de existir, ese día dejaré de quererte...con todo mi amor y sinceridad, tu amor que te necesita.* Estudio Luminton».

«Juventud divino tesoro».

«Con mi adorada madre y mi hermano Juan.

Mi hermano Juan de Dios Oviedo y su señora Angélica de Oviedo me brindaron su valiosa ayuda para patrocinarme los estudios contables en la Escuela Mercantil Silviano Matamoros de la ciudad de León, donde coroné mi carrera de Tenedor de libros. Además de mi hermano, Juan fue uno de mis primeros grandes mentores en mi vida y siempre le estuve agradecido».

«Con mi madre en León en la época cuando me mudé a Managua».

«En el hogar de mis padres recibí mucho amor, el que me preparó para toda mi vida y me llevó con Dios siempre de primero en todas mis decisiones».

«El sábado 13 de junio de 1959, día de San Antonio, el destino me hizo el mejor regalo de mi vida al casarme con Olivia Iglesias García. Por lo civil ante el notario, doctor Francisco Plata, siendo testigo el señor Jorge Téllez y su esposa Inés Campos de Téllez. La boda religiosa se realizó en la iglesia de Guadalupe en León, celebrada por el reverendo Roger Urcuyo. Fueron nuestros padrinos el licenciado Mario Valladares y su esposa Claudia Deshón de Valladares».

26 de enero de 1964.

«Mi esposa Olivia ha significado una dicha para mí. Me dio seis hermosos hijos y me acompañó con paciencia en mi vida artística, ya que debía ausentarme mucho tiempo de casa con mis giras de folklore, teatro o en filmaciones de películas. Cuando me fui a México a hacer mi vida de actor ella me apoyó mucho y siempre estuvo orgullosa de mi trabajo; sin su apoyo incondicional nunca hubiera triunfado en tierra mexicana».

«Nuestro 17 aniversario de casados el 13 de junio de 1976».

«Nuestros hijos siempre han sido mi adoración. Nacieron en este orden: Guadalupe Antonio el 12 de agosto de 1960, Hugo de la Concepción el 8 de diciembre de 1961, Gloria María el 3 de enero de 1963, Harold Emerson el 17 de septiembre de 1964, Sara del Carmen el 9 de noviembre de 1965 y Jorge Martín el 1 de julio de 1971».

ESCUELA
"AZARIAS H. PALLAIS"

«Gloria María a los tres años de edad en el parque de Matagalpa con un vestidito hecho por mí. 1966».

«Mi hija Gloria María, a quien yo llamo "mi angelito de ojos celestes" vino al mundo el 3 de enero de 1963 y al cumplir seis años le dediqué un poema que la describe y refuerza mis votos de amor eterno de padre: "Ojos azules, pelo de miel, piel rosada, llena de gracia"».

GLORIA MARIA

al cumplir SEIS AÑOS DE VIDA.

Gracias Dios mío... por
La niña que Ud. me dio
Ojos azules, pelo de miel
Rosada piel, llena de gracia
Incomparable hijita mía
A ti adoro GLORIA MARIA.

Mi saludo en este día
Al llevar de vida, en años SEIS
Reina presiosa del hogar mío
Inseparable hijita mía
Amor eterno de tus padres y
    de tus hermanos, felicidades
GLORIA MARIA.......

HUGO HERNANDEZ OVIEDO
Enero 3 de 1969.

«Aquí estoy personificando al campesino Moncho Rosales de la Huerta, cuando actuaba como maestro de ceremonias y declamaba "Del trópico" de Rubén Darío con el Conjunto Folkórico de Irene López durante los años setenta, antes de emigrar a México».

«"Rafaela Herrera" fue mi primera obra de teatro. En esta foto del recuerdo del elenco estamos de izquierda a derecha: Roberto Rodríguez Lara, Bernardo Antonio Galo, Juanita Flores, don Benjamín Zapata, Coco Mojica, Carmen Martínez, Juanita Sacasa y al final estoy con mi uniforme de mi personaje Capitán, 1966».

Foto del recuerdo de la obra de Pablo Antonio Cuadra "Por los caminos van los campesinos". Dirige Manolo Villamil. De izquierda a derecha: J. Cabezas; Dr. Jesús Miguel Blandón; Evelyn Martínez; Enrique Berríos del Campo; Blanca Amador; Héctor Gaytan; Manolo Villamil; Oscar Enríquez; Alfredo Martínez; Hugo Hernández Oviedo; Adolfo Rivera; (Sentados en el piso) Antonio Flores; Ruth Obregón; Antonio Avilés y Bernardo Rivera; 1972.

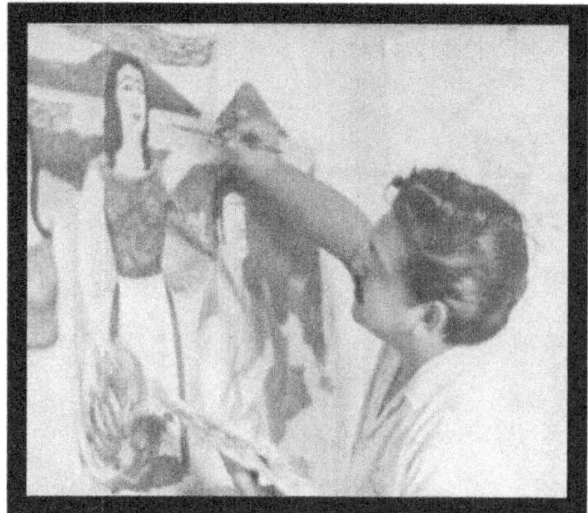

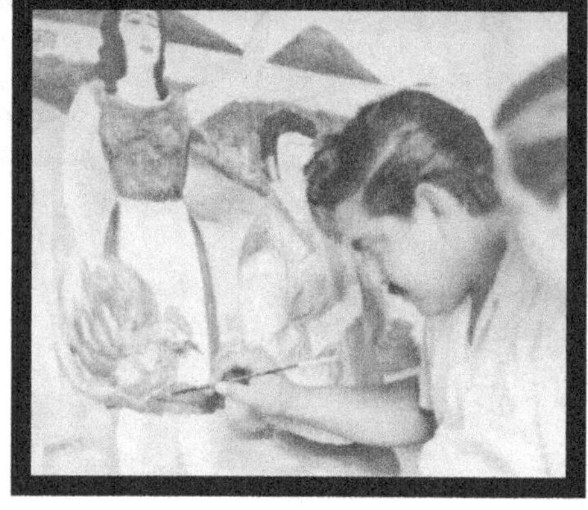

«Ingresé a la Escuela Nacional de Bellas Artes de Managua a estudiar pintura con el maestro Rodrigo Peñalba, mientras trabajaba como contador en la empresa Nomar, pero de tanto pasar por el área de teatro me sabía los diálogos de los actores y decidí que mi camino era la actuación y no el arte del pincel. Sin embargo, realicé muchas obras, especialmente un retrato de Rubén Darío que gustó mucho».

Hugo Hernández Oviedo, con algunos de sus cuadros, entre ellos un retrato de Rubén Darío.

Homenaje en el cumpleaños de un joven pintor

Para Hugo Hernández Oviedo

Cumples, mi caro amigo, un nuevo año
de vida en el amor que es vida santa.
Vives, porque Dios quiso que vivieras
desde el sagrado vientre de tu MADRE;
Vives por su estoicismo en el momento
de darte a luz y analtecer tu llanto,
verte en la farma diminuta y sacra
del niño que en la cuna se estremece,
porque es prodigio de lo bello humano
que involucra el misterio de ser hombre.
¡Qué poema tan grande el de una MADRE!

Hoy miras tú la vida en el paisaje,
mas si es dura la lucha en el debate,
arremetes sonríente con tu lanza
igual que don QUIJOTE en los molínos;
sabes, bajo tu planta está la tierra,
y por eso el guarismo en tu defensa;
pues que tu vida ganas, tu estipendio
con que compras el pan para tus hijos;
pero dentro del arte que es tu sueño,
tu vivir interior, el colorido
de tu paleta como el arco iris,
trazas con tu pincel la maravilla
de un cuadro hecho de luces y de sombras,
y la huella de Rembrandt o de Urbino
hacen de ti la gloria de un maestro.
¡Qué poema tan grande el de una MADRE!

Armando Ocón Murillo.

«En Radio Mundial leía comerciales y los anuncios de la lotería en 1965».

«Otras de las obras destacadas de los años setenta en la que participé y que fueron muy comentadas y aplaudidas en todas sus presentaciones en el escenario del Teatro Nacional Rubén Darío fueron "Chinfonía burguesa", "La granja de Gruñenualdo", "Pinocho", "La Ratonera", de Agatha Christie, "Sí, quiero" y "Las cosas de papá y mamá", en esta última actué al lado de Pilar Aguirre, 1970-1972».

«Con el Conjunto Folklórico Nacional dirigido por Irene López hicimos una gira por toda Centroamérica y una jornada de presentaciones en el Teatro Nacional Rubén Darío, 1970-1972. Estoy al lado izquierdo (del lector) del rótulo».

«Entre junio y agosto de 1972 participé en el rodaje de "Milagro en el bosque". Los ensayos de "La falda pantalón" se hacían en la sala del Teatro Nacional Rubén Darío y fue allí donde se presentó el director mexicano Fernando Durán con su asistente, el camarógrafo Felipe Hernández y doña Margarita Álvarez de Castro Farías, productora y propietaria del proyecto. De ese elenco quedamos clasificados Blanca Amador, Ruth Obregón y yo.».

«Con la cámara Felipe Hernández, ayudante de fotografía de la película, en escena comparto actuación con la inolvidable Ruth Obregón, 1972».

«En 1975 di un gran salto en mi vida artística: me fui a México a buscar vida como actor y creo que la encontré. Estas fotografías son las que componen mi portafolios que cargaba bajo el brazo. En México fui periodista, relacionista público, actor de teatro, cine y fotonovelas. Viví en México casi 16 años y en ese país fui muy feliz y conocí a mucha gente buena que me quiso y respetó mucho».

Artista nicaragüense en México

HUGO HERNANDEZ OVIEDO, popular actor nicaragüense tiene cuatro meses de haberse radicado en México y constantemente nos llegan a tavés de revistas y diarios crónicas de sus exitosas actuaciones al lado de conocidos actores mexicanos. Ha tenido papeles en numerosas películas, obras de teatro y fotodramas. Al mismo tiempo ha interesado al actor y director de cine mexicano Julio Aldama para seleccionar obras de autores centroamericanos que serán presentadas en toda la República de México y luego en Centroamérica. Para ilustrar esta nota cultural reproducimos una foto de una de sus actuaciones con el popular Capulina.

Corresponsal de TIEMPO filma en cine mexicano

HUGO HERNANDEZ OVIEDO, nuestro corresponsal en México, continúa incursionando con éxito en el cine, televisión y foto-novelas aztecas. Su último filme fue "El Angel del Barrio" donde caracteriza el papel de un revendedor de boletos en la Arena Coliseo. En la gráfica aparece Hernández Oviedo, sin bigote y con un periódico en la mano, al lado del actor Roberto Cobo. El corresponsal de ETC...ETC también filmará en Nicaragua, bajo la dirección del argentino George Gianneni, la película "El Primer Amor y el último combate" que coproducirán Venezuela, México y Nicaragua, y se rodará en este último país.

«El domingo 2 de enero de 1955, muy temprano me encaminé al Lido Palace Hotel en Managua, había mucha gente, tanto en la calle frente al hotel como en las escalinatas, por esta razón miembros del cuerpo de bomberos resguardaban el orden. Como pude subí las escalinatas, pero no me dejaron pasar. En ese momento sube Pedro Infante que venía de la misa dominical de la Catedral, pasó a mi lado y logré conocerlo. Me entregó una fotografía autografiada, me tendió la mano y me dio una palmada en el hombro».

«Cuando toqué tierra mexicana una de mis primeras misiones fue la de ir a visitar la tumba de Pedro Infante y así lo hice. A Pedro lo había conocido en Managua cuando yo era muy joven y le pedí un autógrafo en el hotel Lido Palace a donde acudí para conocerlo mientras estaba de visita en Nicaragua en gira artística por América. Esta fotografía me la tomé en su tumba en el Panteón Jardín de Ciudad de México en 1977».

«A Mario Moreno Cantinflas tuve la oportunidad no solo de conocerlo personalmente, sino que también pude entrevistarlo para *Tiempo* de Honduras y la entrevista fue publicada el 3 de mayo de 1981. Era un hombre muy bondadoso y humilde, tal cual eran los personajes de sus películas».

"CANTINFLAS":

"MILITO EN EL PARTIDO DE LOS QUE NO TIENEN UN LECHO DONDE DORMIR"

Escribe: Hugo Hernández Oviedo. Corresponsal de TIEMPO, en México.

Este día estoy saldando una deuda que tenía pendiente con los lectores de ETC...ETC.. EN TIEMPO DOMINICAL. Había prometido entrevistar a Mario Moreno "Cantinflas". Creo que la deuda quedó saldada.

En compañía del humorista José María Morales, de nacionalidad costarricense, ampliamente conocido en Centroamérica como Pascual Tibio, nos presentamos en el 6to. piso del Edificio "Rioma", propiedad de "Cantinflas", situado en la Avenida Insurgente Sur No. 377 donde el genial Mario Moreno tiene sus oficinas.

María Teresa Aspe, eficiente secretaria del actor nos atendió de inmediato: "Esperen un momento, el señor Mario Moreno aún no ha llegado", nos dijo ofreciéndonos café.

Unas 15 personas esperaban entrevistarse con el divo. Todos tenían algo en común, [c]onversar con "Cantinflas". A la 1:50 p.m. entraba el mimado de las multitudes. Don Mario Moreno vestía pantalón y camisa negra de manga larga, botines negros de charol y en su rostro se dibujaba una franca sonrisa.

Cruzó con paso firme la antesala saludando amablemente a quienes le esperaban. Fuimos los primeros en ser atendidos y mientras cruzábamos el umbral de su despacho nos dijo: "¿Suben o bajan, jóvenes"?. La risa franca y jovial fue sonora. Recordé la película "Sube o Baja" donde "Cantinflas" personifica un ascensorista.

Pascual Tibio le entregó dibujos enviados por los niños enfermos del Hospital Nacional de Costa Rica y una carta firmada del doctor José Francisco Lobo, Jefe de Servicio Oncohematología de ese país.

"Cantinflas" prometió revisar su agenda y hacer una visita a esos niños para "agradecerle personalmente ese gesto tan significativo que han tenido conmigo".

Le entregué una publicación de TIEMPO DOMINICAL donde se le dedicó una página. Al recibir ese ejemplar dijo don Mario: "[Salu]denme a los propietarios, jefe de redacción, al encargado de la sección artística Rudy Valentino, a usted que es corresponsal de TIEMPO y a todo el personal que labora en él, esa fineza que han tenido".

El comediante ofreció incluir a Pascual Tibio en el reparto de su próxima película "El Barrendero". Anteriormente se había dicho que Mario Moreno filmaría "El Aduanero".

P— Don Mario ¿para usted es más importante el tema de El Barrendero que El Aduanero?

R— No cree, todos son importantes porque encierran aspectos humanos. Con "El Barrendero" trataremos de hacer comprender al público de todo el mundo, lo necesario e indispensable que es tener y mantener una ciudad limpia.- El rodaje de la película estaba programada para el pasado mes de abril, pero fue pospuesta hasta nueva orden. "Cantinflas" filma una película cada año y para llevar a la pantalla "El Barrendero" celebra reuniones con sus argumentistas Carlos León y el señor Gaelana.

"El Barrendero" es argumento y realización de Mario Moreno y será rodada en exteriores de la capital de México. La dirección estará bajo la responsabilidad del maestro don Miguel A. Delgado, quien durante muchos años ha sido el realizador de sus películas.

P— ¿Tiene ya listo el reparto de "El Barrendero"?.

R— Como acostumbro hacerlo siempre, daré oportunidad a una joven actriz para que protagonice el personaje estelar de la película, pero no puedo decirle aún quién será.

En los medios cineófilos de México se menciona el nombre de la cantante juvenil Alda Cuevas como la persona que ha escogido "Cantinflas" para el personaje femenino. Sin embargo Mario Moreno no ha dicho la última palabra.

El hombre que en sus personificaciones ha enviado miles de mensajes al mundo y ha hecho reír a millones de personas, me pilla observándole y dice sonriendo: "¿Qué mira...joven"?.

En segundas los gustos de "Cantinflas" que vemos en la pantalla, le salen a flor de piel. Pascual Tibio y yo no podemos evitar reírnos. Ahí está de cuerpo entero el comediante más grande del mundo.

P— Don Mario ¿A qué partido político pertenece?

R— Al que militan los que no tienen un lecho donde dormir. Mi partido es la justicia social; mi bandera la igualdad y tengo como única meta la felicidad de todos.

P— ¿Cuál es el momento más feliz de su vida?

R— Ver sonreir un niño, ver amamantar a una madre, y especialmente si la gente olvida sus pesares y ríe con mis películas, esos son los momentos más felices de mi vida.

P— En la mayoría de sus interpretaciones, usted hace críticas agudas, ¿Por qué sigue esa línea?

P— En la mayoría de sus interpretaciones, usted hace críticas agudas, ¿por qué sigue esa línea?

R— ¡Ahí está el detalle joven!, siempre trato de señalar los males que padece la humanidad. No critico a determinado gobierno o sistema, simplemente personifico al hombre del pueblo y usted no debe olvidar que el pueblo es punzante en sus críticas y demandas.

Un cable fechado en Madrid aseguró que Mario Moreno contraería matrimonio con la guapa cantante española Carmen Sevilla, con quien cultiva una amistad de años. Personalmente comprobé que son grandes amigos, pero nada más.

P— En la segunda semana de Mayo en Honduras celebrarán el día de la madre, ¿tiene algún mensaje para ellas?

R— Ser madre es una responsabilidad, porque la mujer es la piedra angular donde descansa la formación moral de su hijo. Diles que las admiro y que Dios las ha bendecido otorgándoles ese título hermoso y dignificante: ser Madre.

El cómico más serio del mundo se pone de pie. Nos estrecha la mano. A Pascual Tibio de un fuerte abrazo. Ya somos amigos. Posamos con él y al dejarlos en la puerta de su despacho nos recomienda: "Salúdame no sólo a las madres hondureñas sino a todo el pueblo de ese hermoso país.

El teléfono repicaba, "Un momento... Tolere... y hago disparar el cuadro.

HUGO HERNÁNDEZ OVIEDO Y DON MARIO MORENO "CANTINFLAS".

Una fotografía de cómo el director de cine Mario Moreno "Cantinflas" sólo se ve Mario Jr.

Un tierno abrazo de cariño entre CARMEN SEVILLA Y MARIO MORENO "CANTINFLAS".

Niña Carmen te he preparado un rico guiso de la cocina española. "Paella", dijo don Mario Moreno a la bella actriz española Carmen Sevilla.

«Con Damián Acosta, el asistente del cineasta mexicano Fernando Durán, director de la película "Milagro en el bosque". Sierritas de Managua, julio de 1972».

«Con la actriz Dacia González, a mi derecha (izquierda del lector), una maquillista y el niño actor Ernesto Marín en la película "En la tormenta". Estudios América, México, 1980».

«Con Carmen Montejo y Rafael Fernández en la película "En la tormenta" en los Estudios América, Ciudad de México. 1980».

«Con don Carlos Riquelme y mi hijo Jorge Hernádez en la película "En la tormenta", Estudios América, México. 1980».

«Con el cineasta estadounidense James Becket, director y productor de la película "*Sanctuary. A Film on Refugees*", filmada en Nicaragua en 1982.»

«Durante la filmación de "Te solté la rienda" con Augustín Gómez y Erick del Castillo, quien es considerado el primer actor de México».

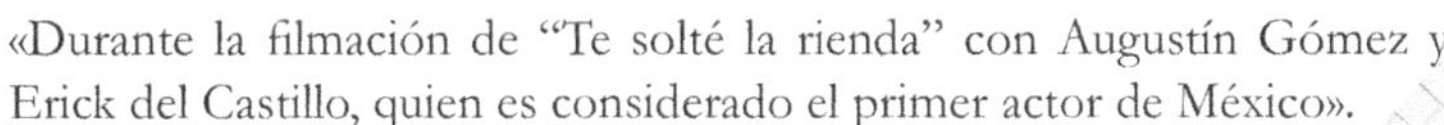

«Con Vicente Fernández en México».

«Con el actor Milton Rodrigues, durante la filmación de "Héroes de los mares". Acapulco, 1978».

«Con mi gran amiga Aída Cuevas, de quien fui su relacionista público y secretario, además de su hermano, el artista Carlos Cuevas y de toda su familia».

«Con Lucha Villa en Ciudad de México».

Con el actor Roberto Cañedo en la ANDA (Asociación Nacional de Actores de México) Ciudad de México, 1993.

«Con Antonio Aguilar y su esposa Flor Silvestre en Ciudad de México».

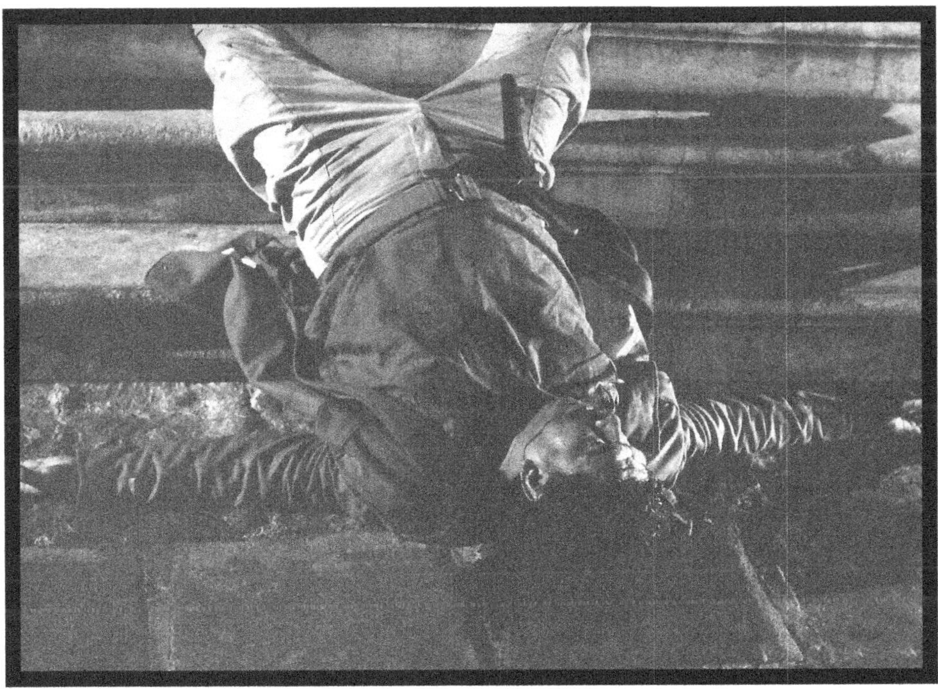

«Mi personaje en la película "El señor presidente", dirigida por el cineasta cubano Manuel Octavio Gómez. Mis escenas fueron filmadas en La Habana, Cuba en 1983».

«Actuando con el gran actor mexicano Roberto Cobo en la película "Ángel del barrio". Roberto había trabajado en 1950 en "Los olvidados" de Luis Buñuel. Cobo era un hombre muy sencillo pese a su fama y a su carrera artística».

Actuando en spot de Diners Club, ciudad de México, 1977.

«Entrevistando al cantante José José mientras visitaba Nicaragua».

«Con el famoso cantante ecuatoriano Julio Jaramillo. 1961».

«Entrevistando a la famosa Paquita la del Barrio en su casa en Ciudad de México. 1993».

«Entrevistando a la actriz venezolana de telenovelas Lupita Ferrer, 1993».

«Encuentro con Angélica María».

**aída
cuevas**

México, D. F. Marzo de 1990.

Sr. HUGO HERNANDEZ OVIEDO
P r e s e n t e.

Sirvan estas líneas para decirte "hasta
luego" y no un "ADIOS" al reintegrarte en tu Gran Patria.

Esta desvinculación física, que mucho la=
mentamos dada tu gran calidad humana y excelsa capacidad
dentro de tu faceta de comunicador que mantuvo no sólo la
imágen de esta servidora tuya, sino la de mi hermano Car=
los y del resto de mi familia, sino que las acrecentó.

Deseo ratificar a nombre propio y en el
de todos los míos, el agradecimiento a tu entrega total
tanto en comunicaciones escritas para la prensa, así como
en promociones, presentaciones personales como Maestro de
Ceremonias y en atenciones muy valiosas para esta tu ami=
ga y mi familia que tanto te queremos y deseamos sincera=
mente que el éxito continuo te acompañe tanto en tu vida
profesional como en la vida privada.

Pienso que ahora que existe una apertura
de confraternidad, en una comunión sin odios ni rencores
de todos los nicaragüenses; seguramente aprovechen y valo
ren tus aptitudes para aplicarlos e incorporarte a la vi=
da pública que tanta necesidad tiene tu Nicaragua querida
de verdaderos Hijos de la Patria, que como tú se entregan
totalmente para hacer posible la reconstrucción de la Tie
rra de Rubén Darío.

Desearíamos agregar mucho más, básten la
fe que tenemos en tu leal comportamiento demostrado duran
te el lapso de tu vinculación con nosotros y Nuestro Méxi
co donde siempre vivirás en nuestros recuerdos como el in
condicional amigo y como un auténtico valor artístico de
Nicaragua.

Tus amigos de siempre.

Con Mi Voz y Cariño.

A I D A   C U E V A S.

adolfo prieto 1649 sexto piso · 03100 méxico, d. f. · teléfono 687·56·90
Dirección Privada: Xola 6=701. Colonia del Valle. México. D. F.=CP.03100

«Fue muy triste para mí dejar México luego de casi dieciséis años de tantas experiencias, pero sobre todo de los amigos y personas buenas que me quisieron mucho. Esta es una de las mejores cartas de trabajo que he recibido en mi vida. Aída me quiso mucho y conocí muy de cerca a toda su familia, que tanto cariño me dieron durante mis años mexicanos».

«Artistas nicaragüenses y mexicanos de izquierda a derecha: Róger Blen, Pilar Aguirre, Óscar Ortiz de Pinedo, al fondo Marciano Martín, Blanca Amador, Hugo Hernández Oviedo, Salomón Morales. En primer plano al centro César Sobrevals. Teatro Nacional Rubén Darío, 1970».

«Con mis amigos artistas de izquierda a derecha: Roger Blen, Lolita Soriano, Pilar Aguirre, Evelyn Martínez, mi persona y Javier Espinoza».

«Con los intelectuales nicaragüenses Lolita Soriano y Pablo Antonio Cuadra».

«Mi querido amigo, el gran Carlos Mejía Godoy, me hace entrega de una caricatura que me hizo con mucho cariño. Yo lo he admirado muchísimo desde el inicio de su carrera artística».

«La periodista y mi amiga Karly Gaitán Morales ha reunido mis textos, me ha entrevistado con paciencia y escaneado cientos de fotografías y documentos. Ha sido mi recopiladora y yo la llamo mi "biógrafa" oficial. Es solo en sus manos que deseo que salga este libro un día al público y sé que en ella está bien resguardado. Aquí salimos de la entrevista en el programa "El País Azul" con la periodista Martha Cecilia Ruiz. Managua, mayo de 2019».

«Con el reconocido compositor nicaragüense Otto de la Rocha».

«Aquí estamos tres actores representativos del teatro nicaragüense: Pilar Aguirre, Hugo Hernández y Blanca Amador».

«Con el gran maestro de la música nicaragüense Camilo Zapata, creador del son nica».

Hugo Hernández Oviedo:
Un actor original

Hablar de Hugo Hernández Oviedo es hablar de uno de los más completos actores nicaragüenses, pues domina todas las gamas de su profesión. Con el transcurso de los años ha logrado abrirse paso a base de esfuerzo propio, colocándose en una destacada posición entre los grandes valores escénicos de nuestro país.

Hugo Hernández Oviedo locutando uno de sus programas.

JEAN PABLO ARAGON / LA TRIBUNA

JOSÉ LEONEL JIMÉNEZ
LA TRIBUNA

Nació en la ciudad de León, Nicaragua, el 10 de septiembre de 1938. Sus maestros lo calificaban como un niño de hábiles e inquietantes aptitudes cuando estudiaba en el colegio Beato Salomón, dirigido por los Hermanos Cristianos de la Orden San Juan Bautista, de La Salle en la ciudad de León.

Una vez en Managua, recibió cursos de Actuación Teatral en el Instituto de Bellas Artes de Managua, bajo la dirección del profesor Alfredo Vallessi. A este le siguieron el curso de Locutor y Maestro de Ceremonias con el profesor Julio César Sandoval; Periodismo y Publicidad por correspondencia en la Hemphill Schools y el de Relaciones Humanas con el profesor Néstor Pichardo.

A pesar de que ha incursionado en casi todo lo que se refiere al mundo del espectáculo, lo que más le gusta es la actuación.

"La base fundamental para llegar a ser un buen actor —comenta— es la actuación de teatro. "Si sos buen actor ahí, eres bueno para todo, adaptándote siempre a los cambios de formato en cada una de las ramas la actuación y sus géneros".

Vivió en México durante 13 años. Regresó a Nicaragua en 1990 y actualmente tiene dos años de ser director de la radio *La Mera Mera*, que transmite música folklórica mexicana.

No todo es netamente mexicano en esta radio, debido a que dentro de su programación hacen un Homenaje al Artista Nacional, po-

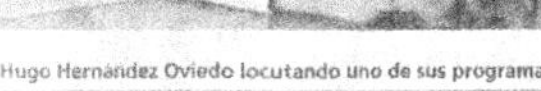

sica de artistas nicaragüenses. Entre otros programas que realiza Hugo Hernández se encuentran: La Hora del Bolero Ranchero, que se transmite a mediodía en *La Mera Mera*; Cancionero Mexicano que lleva 13 años al aire y se transmite semanalmente de 5:00 a 6:00 de la tarde en *Radio Nicaragua*; y El Club Radial Radial Campesino que también transmite *Radio Nicaragua*.

Hernández Oviedo tiene una química apasionante para trabajar con niños, no por algo es padre de seis hijos y abuelo de siete nietos. Desde su llegada al país ha trabajado en tres proyectos para televión, bajo la coordinación de Rolando Bendaña Sandino y Hugo Rostrán, en el *Canal 12*. En todos ellos han participados niños, quienes han esclarizado "Homenaje a la madre", "Homenaje a la patria" y "Navidad en Nicaragua", en este último participaron niños de los asentamientos.

Su pasión por la actuación

En teatro interpretó el papel de Margarito López en la obra "Por los caminos van los campesinos" del escritor pinolero Pablo Antonio Cuadra; en la obra "La falda pantalón" del esritor Adolfo Calero Orozco, (con esta obra de corte humorístico se inauguró el Teatro Experimental Rubén Darío de Managua).

Interpretó a siete personajes diferentes y de forma simultánea en la obra "Si quiero" del autor español Alfonso Paso, y actuó en la obra del mismo autor titulada "Las cosas de papá y mamá", con la que se rinde homenaje al 50 aniversario de la carrera artística de la prestigiada actriz nicaragüense Pilar Aguirre.

También actuó en el monólogo de 45 minutos titulado "El sepultero"; y participó en la obra teatral "La chinfonía burguesa" de los escritores nicaragüenses Joaquín Pasos y José Coronel Urtecho, y en la obra del González Dávila, "Pastel de zarzamoras", donde alternó con actores egresados de la Universidad Nacional de México.

Actuó en la producción cinematográfica *"El señor presidente"*, cinta basada en la obra escrita por el autor guatemalteco Miguel Angel Asturias y por la cual se hizo la película *"Milagro en el bosque"*, que cuenta la historia de cómo apareció la estatuilla de Santo Domingo de Guzmán en las Sierritas de Managua. Actuaron junto a Hugo Hernández, la actriz Blanca Amador, Archivaldo Arostegul y Ruth Obregón.

Participó como realizador y aportó su voz para la obra "Mi cristo roto" con la compañía de Discos y Cassettes Master Stereo, y también aportó su voz para la producción "Poesía", donde declama poemas de Rubén Darío.

Fue corresponsal, cubriendo todo tipo de espectáculos, del diario *La Prensa* de Nicaragua, de *Diario Tiempo* de Honduras y de *El Mundo* de Nueva York, EE.UU., entre otros.

La esencia que lo mantiene en vilo dentro de las artes escénicas es la sólida originalidad que irradia en cada uno de los papeles que interpreta. Es sin duda alguna uno de los artistas más completos dentro del ámbito nacional y está dotado de un grado auténtico de modestia y sencillez, tan escaso en nuestros días.

COSAS VEREDES SANCHO AMIGO

HUGO HERNÁNDEZ RECHAZÓ EL DESTINO DE SER ZAPATERO

Mario Fulvio Espinosa
Fotografías: Ariel León

En aquel León Santiago de los Caballeros del siglo pasado, el oficio de los pobres se heredaba de generación en generación; seguía amasando con tesón la harina y la levadura el hijo del panadero, para sécula seculorum pasaba metido en el infierno de la fragua el vástago del herrero, y las mujeres, hijas de la tortillera, aceptaban con sumisión el destino de palmotear masa de maíz durante toda la vida. Hugo Hernández Oviedo conjuró ese destino

Decenas de viejas fotografías están sobre la mesa junto con álbumes de diversos tamaños y amarillentos recortes de periódicos. Sobre este material pasan chispeantes los ojos de Hugo Hernández Oviedo, y gracias al sentido de la vista, afloran sus recuerdos.

Son evocaciones gratas de tiempos viejos, cuando como dice el tango "eran otros hombres más hombres los nuestros" y Guty Cárdenas cantaba "así en la mañana triunfal de mi vida, vinieron en alas de la juventud, amores y ensueños como golondrinas, como golondrinas bañadas de luz".

Estas fotos dan testimonio de una vida de trabajo, perseverancia y éxitos, también de una intensa vida afectiva plena de sensibilidad y romanticismo. Hugo las mira con devoción, quisiera explicar el mensaje latente que hay detrás de cada imagen... "Yo sé que eso es imposible, porque una vida bien cumplida es siempre larga", dice resignado.

Todo comenzó en León aquel 10 de septiembre de 1938, cuando doña Carmen Oviedo Rosales dio a luz a Hugo Efraím, un cipotillo morenito, crespo y gritón, hijo del cochero Anastasio Hernández Aguilar. Si bien Hugo Efraím fue bautizado por el padre Antolín Carvajal y Rocha, cura de la iglesia de San Felipe, el mismo sacerdote se encargó de desvirtuar el sacramento, pues le "encajó" el sobrenombre de "Payinquín", del que solamente se despojó cuando años después hizo "el viaje a Managua".

EL ARTISTA NACE Y SE HACE

"Mi abuelo Juan Oviedo había heredado de sus antepasados el oficio de zapatero, y mi abuela, doña Narcisa Rosales, era 'purera'. Habían procreado una familia numerosa que por tradición estaba condenada, los varones a trabajar con la lezna, el cuero y las tachuelas, y las mujeres a peinar, enrollar y pegar hojas de tabaco.

"Pero mi padre rompió ese molde cuando compró doce caballos y seis coches, se volvió 'cochero', mientras mi madre se quedaba enrollando los famosos puros de 'las Oviedo de Chinandega', pues era originaria de la otrora 'Ciudad de las Naranjas'. Yo, por mi parte, soñaba con ser artista.

Con gesto autístico y reposadas palabras, añade: "Yo digo que el artista nace y que, después, a través de la escuela y del bregar de la vida, se va puliendo. Yo nací artista y lo digo humildemente, porque cuando llegué a aprender el Catecismo donde el padre Antolín, el me escogió entre los niños más vivarachos para salir en sus veladas a beneficio del desayuno de la primera

comunión.

▶ LAS RAZONES DE MONSEÑOR OVIEDO

"Pronto me vi actuando en la Caravana de don Juan Dávila Blanco, y me hubiera quedado de "actor pelado" de no ser que a mi tío, monseñor Isidro Augusto Oviedo y Reyes, se le metió que debía estudiar en el Beato Salomón; él me financió los estudios porque yo era muy pobre".

—¿Cuénteme algo de monseñor Oviedo?
Recuerdo que siempre se armaba una polémica sobre el origen de los Oviedo, entre monseñor y un magistrado cuyo nombre olvido. "Hijas mías —decía el Obispo—, los Oviedo venimos del periodista Oviedo que vino a Nicaragua durante la Conquista". No Padre, usted está en un tremendo error, nosotros los Oviedo somos descendientes de un pirata español que entró por El Realejo y se enamoró de una nativa. No puede ser, decía el buen cura, para terminar con el consabido sermón. "Un Oviedo, aunque sea pirata, ladrón, asesino, santo, cabro y puro, es un Oviedo, porque es de la mata de nosotros, y hay que defenderlo y ayudarlo".

Cuando terminé la primaria, me metí al Hospicio San Juan de Dios para aprender tipografía. Viví en León hasta los 17 años, a esa edad me vine a Managua a trabajar como contador en la "NOMAR", porque había estudiado esa carrera en la Escuela Silviano Matamoros, de León. El arte me perseguía porque don Ramón Morales, mi jefe, patrocinaba un programa de títeres en la televisión que recién comenzaba en Nicaragua, me tocó supervisar esos programas y llevar premios a los niños participantes".

▶ VALESSI, SANDOVAL Y VILLAMIL

De repente se me ocurre casarme y, además, entrar a una escuela de teatro, se me escapa el nombre del director, que era odontólogo rústico, con una maquinaria que hacía rechinar los dientes. Tenía su "clínica" del Palacio de la Suerte dos cuadras al Norte.

Después averiguo que don Alfredo Valessi tiene una escuela de teatro en Bellas Artes. Me inscribo pero no en teatro sino en pintura con el famoso Rodrigo Peñalba. Sin embargo, cuando pasaba por el área de teatro me quedaba observando. Total que dejé la pintura y me inscribí en el teatro. El primer día de clases, Valessi nos propone un ejercicio: "Aquí hay una sala imaginaria, un escritorio, un archivador, van a hacer el desplazamiento". Todos los alumnos fuimos pasando y él anotando. Cuando terminó la clase me llama y me dice: "Usted me está engañando, usted ya recibió clases de teatro". ¿Por qué dice eso?, le pregunto. Porque hizo el desplazamiento perfecto, No señor —le digo—, yo solo en veladas he salido y nunca he tenido maestros de teatro.

▶ EN "LA FALDA PANTALÓN"

En esos menesteres artísticos conozco a don Benjamín Zapata que me invita a participar en una obra de teatro. Acepto y comenzamos a ensayar en una casa que quedaba allá por el lado de 'La Valeriana'. Ahí conozco a doña Juanita Sacasa, a Carmen Martínez y a Cocó Mojica. Me dan el papel del "Capitán" en la obra "Rafaela Herrera", mi primera obra orgullosamente nicaragüense.

En esos días conozco a doña Socorro Bonilla y me dice que van a inaugurar la Sala Experimental del Teatro Rubén Darío, con la obra *La falda pantalón*, de don Adolfo Calero Orozco. Participo haciendo dos papeles, el de un espectador que interrumpe la obra y el de un mesero.

Después me dio por incursionar en Radio Mundial y participé en la obra *Por los caminos van los campesinos*, de Pablo Antonio Cuadra. Ahí encuentro a gran cantidad de actores de la vieja época, Blanca Amador, Eveling Martínez, Oscar Henríquez, Richard Moore, Manolo Villamil, 'Chuno' Blandón y René Blanco que hacía el papel de Margarito López, y yo el de un policía. Pero René Blanco se va del elenco y como yo andaba siempre detrás de él en mi actuación de policía, me adjudican el papel. Presentamos la obra en la televisión bajo la supervisión de PAC, que nos felicitó, y una de las cosas bonitas que tengo en mi corazón, es cuando me dijo: "Hugo, así visualicé a Margarito López, tal como usted lo interpreta". Ese es el mejor galardón que recibí.

Ya para ese tiempo me inscribo en la escuela de locución de La Mundial, en las clases de Richard Moore. También son maestros míos, José Dib McConell y Archibaldo Aróstegui que después iba ser mi compañero en la película *Milagro en el bosque*, pero el maestro de planta era don Julio César Sandoval, mi maestro, a quien tanto admiro porque gracias a él aprendí técnicas de declamación. Pero quien me consolidó en la declamación fue Manolo Villamil, con él hice un programa que se llamaba "Esta noche contigo", ahí tenía oportunidad de declamar cositas.

—¿Nunca hubo temer al micrófono ni a la actuación?
Quien no sufre de nervios no es un buen actor. Mi miedo más actual fue en mi reciente actuación en *La granja de Grauáguaudo*. Pero mi mayor tensión la tuve en *Pinocho*, que se presentó en la Sala Mayor del Teatro Nacional Rubén Darío, ahí hice el papel del "Señor de los vicios". Utilizamos la técnica de "la cámara negra", que trajo el Teatro de Praga. La obra fue montada por don César Pasos y gustó tanto que posiblemente se vuelva a presentar este año.

▶ CINE, TELENOVELAS Y FOTONOVELAS

—¿Cómo es su inserción en el cine?
Resulta que en 1975, mi amigo César Sobrevais, decide partir a México. Desde allá recomendaba a la gente que venía a Nicaragua, que llegaran a mi casa. En ese plan vino Juan Angel Martínez, que hacía el papel de Gonzalo en "Plaza Sésamo". Llega Martínez y yo le ayudo en sus presentaciones, después se va para Panamá y cuando se despide de mí, me dice: "Cuando tú quieras ir a México, tienes abiertas las puertas de mi casa".

Para ese tiempo yo trabajaba en la televisión con Pascual Tibio que me sugiere que viaje a México. Yo acepto y me voy con una carta de Octavio Sacasa. Con esa única recomendación me presento en Televisa y ahí me dan oportunidad de filmar telenovelas, pero me sigue picando el gusanito de la actuación. Allá en México, Juan Angel me lleva a vivir a su casa y me presenta a varios productores de fotonovelas. Comienzo a trabajar en esa rama, donde es más fácil ganar dinero y la actuación es más sencilla.

Vuelvo a Nicaragua y actúo en *Milagro en el bosque*, que dirigió Fernando Durán, el mismo que en México me dio una oportunidad en *Héroes de los mares*, al lado de Milton Rodríguez, un actor del Brasil.

En ese tiempo estaban haciendo un "casting" para *El Señor Presidente*. Me voy a Incine, donde ya esperaban una gran cantidad de aspirantes y el director bastante parco, ni chicha ni limonada, yo hice de todo ahí, declamé, canté y lloré. Mi susto fue cuando llegó un telegrama: "Señor, pase a firmas su contrato, va a filmar escenas en Nicaragua y en La Habana".

▶ ES DURO APRENDER A CAER

Mis primeras escenas en La Habana fueron en la plaza de la Catedral, en La Habana Vieja. Yo soy "el coronel de la mulita", un hombre vulgar y borracho que entra en discusión con un pobre loco que se enfurece cuando le dice "tu madre". Yo le menciono a la madre y nos agarramos en lucha. Por fin él me tira, caigo en las escalinatas de la Catedral y me desnuco.

Para esta escena, el director me ofrece un doble. No señor, le digo, los mejores papeles se los llevaron nuestros compañeros de Francia y los de Cuba, yo encabezaré el papel de los nicaragüenses; mejor páguele al que va a ser el doble, para que me enseñe cómo debo caer. Estuve trabajando quince días, rodando por los escalones del Hotel Nacional de Cuba, hasta que aprendí a caer.

Los padrinos mexicanos

❝ En México trabajé como extra en varias películas, entre ellas *La puerta falsa* y *Como México no hay dos*, donde hago de ranchero, luego conozco a Humberto Cabañas y trabajo con él en la película *Te solté la rienda*. Ya para entonces pertenezco a la ANDA (Asociación Nacional de Actores) donde César Sobrevais y José José fueron mis padrinos", dice Hugo Hernández Oviedo.

HUGO HERNÁNDEZ OVIEDO entre sus reliquias gráficas.

"EL ARTISTA NACE Y SE HACE", afirma Hugo Hernández Oviedo.

Hugo Hernández Oviedo interpreta su retiro

Una vida por amor al arte

Hugo Hernández Oviedo, Angélica María y César Sobrevals.

EDWIN SÁNCHEZ

Ver a un actor al margen de la pantalla grande, ya cuando las luces se encienden, el público se va y la imagen se apaga, no deja de ser un capítulo que uno quisiera saltarse con todas sus páginas, así cuando ese artista nos dice: "Quisiera, desde esta entrevista con EL NUEVO DIARIO, que la Asamblea Nacional me otorgara una pensión de gracia".

Es Hugo Hernández Oviedo, uno de los más talentosos actores de Centroamérica, cuyo nombre quedó registrado en siete películas, innumerables actuaciones en teatro y televisión, compuso además seis canciones, dirigió tres documentales y escribió libretos y todavía legó su propio sello en la Radio Mera Mera.

Hugo, el actor, ahora interpreta el retiro. Un papel difícil para un hombre cuya vida pública transcurrió delante de las cámaras, los micrófonos, los reflectores y los aplausos. Hoy, en el barrio Monseñor Lezcano, hace de la mesa casi un álbum de su vida, y las paredes dejan que hablen las grandes fotografías en blanco y negro de sus memorables roles.

Sus mejores homenajes, además del aplauso o la admiración del respetable público, fueron palabras como las que escuchó en su novela Cuadra: "Es

De oficio contador

Darle aliento a personajes que de otra forma podrían haber resultado planos ante el público demostró desde temprano que este leonés del año 1938 había venido al mundo a desempeñar las vidas de ficción que autores como Adolfo Calero Orozco creaban, aunque lejos de las tablas, en la sombra, trataba de desempeñar su propio papel de modesto administrador en las oficinas del Distrito Nacional. Ahí estaba un empleado deseoso de ver pintada en el reloj la una de la tarde para ir a recibir el curso de actuación y locución ofrecido por el profesor y escritor Julio César Sandoval o de estar bajo la dirección de Socorro Bonilla Castellón.

Desarrollar una carrera de actor en Nicaragua debe ser casi como un trabajo prohibido. Yo le pregunto a este hombre, quien conserva su voz bien modulada, que se oye como si narrara su existencia con ese timbre fantástico de los grandes narradores de radionovelas de los años 50 y 60, ¿cómo hace un artista para sobrevivir en el medio?

"Es imposible, tienes que tener algún oficio. Soy contador, y durante todo ese tiempo trabajé en varias partes. En la Nomar fui contador, y luego vendedor de seguros, y así llegué a la constructora que hizo el Teatro Nacional Rubén Darío, el Inter".

Pasó luego a la contabilidad del Distrito Nacional, llevando los gastos de combustible de esa institución.

Trabajaba de siete de la mañana a una de la tarde. "Yo no perdí mi tiempo. En las tardes estudiaba en los cursos de Radio Mundial". Don Hugo cuenta que en su época del DN le dieron la noticia de que sería parte del elenco de la primera película nicaragüense: "Milagro en el bosque".

Fue uno de los primeros actores nacionales, cuya imagen se vio por primera vez en la televisión en noviembre de 1958, a través del canal 6. En 1963 se inscribió en el Curso de Teatro en Bellas Artes, bajo la dirección del profesor Alfredo Valessi, un exigente dramaturgo.

Con su don, debidamente pulido, se puede decir que HHO no es una obra de la casualidad, sino que sus personificaciones llegan a obra de arte. Directores de cine y teatro, tanto cubanos como mexicanos, valoraron su calidad interpretativa y, en la época de oro de la fotonovela mexicana, los directores sabían que el actor extranjero no les hacía perder ninguna fotografía: era un tiro seguro.

"Margarito" en obra de PAC

Actor que repudió en las películas llevar dobles, se atrevió a filmar escenas peligrosas, aunque significara caer rodando hasta 13 gradas, ensayarlas una y otra vez hasta domesticar el peligro, HHO decidió cargar de vitalidad a sus personajes y seguramente es de los que gustan del realismo en las escenas más riesgosas.

Su gran amistad con el actor mexicano César Sobrevals –quien vino a dirigir la Comedia Nacional con Socorro Bonilla, y se quedó en Nicaragua hasta después del terremoto de 1972– le valió dirigir el programa de "El Rancho de Sobrevals", en Canal 2.

Para la época, su historial ya era abultado, y aunque en una entrevista es difícil comprimir los episodios de un personaje como HHO, vale decir que un director cubano como Manolo Villamil reconoció sus cualidades innatas. Su facilidad para encarnarlos quedó expuesta cuando dejó el personaje "Margarito cuevas", en "Por los caminos..." a René Blanco (único actor muerto en el terremoto), cuando éste declinó por asuntos personales participar en la puesta en escena.

"Cuando dije: estoy saturado, hice teatro, televisión y cine en Nicaragua, decidí ahora: debo dar el salto a México". Dos artistas contribuyeron a "hacerle cama" en el Distrito Federal, Sobrevals y Juan Ángel Martínez, quien fue parte del elenco pionero de la versión hispana de Plaza Sésamo.

Esa relación con Martínez le llevó a impulsar todavía en Nicaragua dos proyectos de fotonovelas, una de ellas recordada todavía por algunos como "Brenda", donde hermosas actrices lucían sus encantos tales como la misma Brenda Basset y Lesbia Espinoza, constituyéndose así HHO en el iniciador de ese género editorial a mediados de los años 70 en Nicaragua.

Pasó prueba con ANDA

"Gonzalo", tal era el nombre de Martínez en Plaza Sésamo, le invitó: "Cuando quieras llega a México, llegas a mi casa y yo te ayudo con el cine mexicano". Hizo un viaje a México y se hospedó en su casa, "y me presentaba en todas partes. Por él comencé a trabajar en fotonovelas, en Valle de Lágrimas, y otras. Compartí escenas con Capulina, pero debí poner en orden la visa de entrada, declarar que iba a trabajar". Don Hugo reconoce: "Pero no creas, es difícil entrar al cine".

Sobrevals lo conectó con la Asociación Nacional de Actores de México (ANDA), regularizó sus papeles, pero le pidieron tres cartas de recomendación de actores reconocidos, una fue del mismo Sobrevals, la otra de Martínez y ni José José lo dejó morir, ya que le ayudó a trabajar en México.

En 1986 hizo un casting, llevó su álbum, y en el escenario del Teatro "Jorge Negrete" debió someterse a un examen con parte del personal de la directiva de ANDA; "y si no pasabas no hay nada", HHO demostró su talento y pasó a trabajar en la película "Le solté la rienda", con Humberto Cabañas; "Héroes de Mar", dirigida por un "director energúmeno" llamado José Estrada.

Participó en el filme "Ángel del Barrio", con Roberto Cobo. "Gracias a Dios me conecté a través de Ángel Martínez con mucha gente, entre ellos los hermanos Escarpullas cine. "Siempre me estaban llamando para sus fotonovelas".

¿Hugo Hernández Oviedo se realizó?

Me siento realizado, aunque siempre tropieza con altos y bajos, con gente incomprensible. Me lleno de orgullo con toda esta muestra (su voluminoso álbum). Todo lo que he hecho lo tengo en fotos, lo que hice en México, en España se publicó lo de la fotonovela "Brenda", participé con Chuno Blandón en "Nacatamal de Oro", en los estudios de lo que fue la YNO en La Habana, hoy Radio Rebelde, bajo la dirección de Alfredo Valessi.

Es parte de mi vida haber conocido a dos grandes artistas: Humberto Cabañas y Aída Cuevas.

esanchez@elnuevodiario.com.ni

Con el cómico mexicano, Gaspar Henaide, en unas escenas de la fotonovela "Aventuras de Capulina".

"Tal vez los diputados se acuerdan de Hugo Hernández Oviedo"

Mientras entrevistábamos al actor, supe que hacía lo imposible por interpretar a un hombre saludable. Casi lo logró, pero no pudo ocultar el nebulizador, tampoco, guardar esas palabras que seguramente no estaban en el libreto original que había preparado la noche anterior para su encuentro con EL NUEVO DIARIO. En Monseñor Lezcano él mismo, finalmente, reveló lo que sus facciones tenuemente nos adelantaban: "Estoy muy enfermo". Una de las grandes glorias del arte escénico nacional urge de la ayuda que como tal requiere. ¿El Estado sabrá actuar ante un nicaragüense de la valía de HHO? ¿O el Concejo Municipal de Managua y su alcalde Nicho Marenco deberán darle el lugar que se merece?

¿El episodio que quisieras borrar de la primera de tu vida?

No digo que hayan episodios tristes, son accidentes; los pasa uno con gente incomprensible, que no le conoce a uno y desafortunadamente te menosprecia. Pero entre los hermosos episodios está haber participado en "Milagro en el bosque", en "Chinfonía Burguesa", con lo más connotados actores de Nicaragua. Haber sido de los primeros en actuar en el Teatro Nacional Rubén Darío, inaugurado por artistas mexicanos, en vez de nicaragüenses, porque así lo había decidido Hope Portocarrero, entonces esposa de Anastasio Somoza Debayle.

Una efeméride personal es el haber hecho, bajo la dirección de Socorro Bonilla, siete personajes en la obra "Sí quiero", de Alfonso Pasos, español.

¿Toda esa experiencia se va a perder?, ¿no hay forma de transmitir esa escuela?

Erasmo Alizaga me invitó la Escuela Nacional de Teatro "Pilar Aguirre", pero como estoy muy enfermo del corazón y del asma entonces decliné, y le agradezco a él.

Con la ONG "Plan Internacional", por medio de Freddy Rostrán, me contrataron para escribir el documental "Homenaje a la patria". Hice un casting con niños de los asentamientos. Busqué a los más vivarachos. Luego hice "Homenaje a la patria".

¿Cómo querés que se te recuerde?

Como un hombre sencillo y popular, no un ególatra o un súper actor.

¿Cuándo viste tu imagen en la pantalla grande, cuál fue tu impresión?

Fue un impacto bien bonito. Pero he tenido como bandera ser amable con toda la gente.

¿Se reconoce en este país el trabajo de un actor?

Creo que no se aprecia, porque desde qué años estoy tratando de llegar a la Asamblea Nacional para que me den una pensión de gracia, y ni siquiera he podido entrar. Ya me siento viejo, creo que no llegaré a vivir más de cinco años.

Se metió un anteproyecto hace cinco años, me dieron 10 mil córdobas. Esto no es algo regular. A través de END ruego a todos los diputados que se acuerden de Hugo Hernández Oviedo. Quizás, autorizan una pensión para estos pocos años que me quedan.

«En el centenario de la muerte de Rubén Darío en 2016, el Movimiento Mundial Dariano me entregó en la ciudad de Miami, Florida, un reconocimiento y la medalla del centenario. La recibí de manos del profesor Héctor Darío Pastora, director y fundador del Movimiento».

«Don Carlos Garzón fue muy conocido por su gentil apoyo a los trabajadores de la cultura nicaragüense, se le conocía como el "padrino de los artistas" y creó una medalla para homenajearlos. Para ser galardonado con esta medalla había que trabajar mucho en favor de nuestro patrimonio y el arte nacional, además de ser innovador y creador de aportes a la cultura nacional. La medalla me fue entregada y yo la recibí con mucha humildad y agradecimiento».

Asamblea Nacional

**LA ASAMBLEA NACIONAL DE NICARAGUA
Y EL TEATRO NACIONAL RUBÉN DARÍO,**

en el marco del 195 Aniversario de la independencia de Nicaragua y Centroamérica y el 160 Aniversario de la gloriosa Batalla de San Jacinto,

entregan el presente

RECONOCIMIENTO

al:

ACTOR

Hugo Hernández Oviedo

Por ser una de las grandes glorias del arte nacional y su contribución al desarrollo de las artes escénicas y cinematográficas de Nicaragua.

Dado en la ciudad de Managua, República de Nicaragua a los quince días del mes de septiembre del año dos mil dieciséis.

IRIS MONTENEGRO
Presidenta en funciones

RAMÓN RODRÍGUEZ S.
Director General
Teatro Nacional Rubén Darío

«Entre las máximas distinciones que he recibido se encuentra este diploma que me otorgó la Asamblea Nacional de Nicaragua y el Teatro Nacional Rubén Darío. No puedo más que estar agradecido con Dios por todas sus bondades y los momentos de felicidad que me ha obsequiado en la vida».

«En 2016, con motivo del centenario de la muerte de Rubén Darío, mis hijos Guadalupe Antonio, Sara y yo compartimos escenario en la obra "Rubén Darío: vida, obra, agonía y muerte" estrenada en Miami, Florida el 6 de febrero, puesta en escena por la Compañía de Teatro Nicaragüense. La obra es una adaptación de fragmentos del libro "La dramática vida de Rubén Darío", del investigador y más completo biógrafo de Rubén Darío, don Edelberto Torres, dirigida por Christina Ocón, con libreto de Miriam Benard».

«"Rubén Darío: vida, obra, agonía y muerte" en las tablas».

«Con el actor Hernán Cortés, que hace el papel de Rubén Darío en la obra, y Rubén Darío VI, bisnieto de nuestro panida Rubén Darío. Miami, Florida, 2016».

«En el monumento a Rubén Darío en Managua con mis amigos del Círculo Literario del Adulto Mayor (CLAM), con quienes compartí tantas bellas experiencias con la poesía, el grupo de teatro que yo dirigía y en el que ellos eran mis actores, vivimos viajes, eventos literarios y muchas otras aventuras. A todos los he querido mucho, en este grupo he encontrado grandes amigos que tenemos algo en común: vivir la tercera edad con entusiasmo y alegría».

«Mi hijo Guadalupe Antonio Hernández ha seguido mis pasos en el arte. Es actor de cine, teatro y televisión en Miami. Ha actuado en telenovelas, series, spots, obras teatrales. Con mi esposa Olivia hemos estado frente al televisor esperando verlo en escena en distintas telenovelas a través de la televisión abierta. Es un actor muy exitoso y no dudo de que su triunfo será prolongado el resto de su vida».

«Con mi querido hijo Hugo en México, 1993».

«Con mi hijo Hugo de la Concepción Hernández Iglesias y su familia: su esposa Dolores Palacios y mis nietas Giovanna Huguette y Ana Gloria Hernández Palacios. Estado de México, 1993».

«Mi hija Gloria María no ha seguido el mundo del arte, aunque participó en algunas fotonovelas y desde niña estuvo en una escuela de folklore y danza. Ella y mi nieto Robin son empresarios y personas muy trabajadoras».

«Mi hijo Harold estudió Dirección y Producción de Radio y Televisión en México. Trabajó un tiempo como productor audiovisual de una oficina estatal en Nicaragua en los años noventa, pero desde entonces no ha ejercido su profesión. Él gusta más del comercio y los negocios como su hermana Gloria María».

«Mi hija Sara Hernández ha seguido mis pasos en el arte. Es actriz en Miami, estudió actuación en Miami Dade College y pertecene a Actors Arena Group. En la foto de la izquierda está actuando en la obra "El abanico de lady Windermere", de Oscar Wilde, dirigida por Zully Montero».

«Mi hija Sara con mis nietos Larry Emerson Delgadillo Hernández, nacido el 13 de abril de 1982, Brenda Olivia Hernández, nacida el 24 de mayo de 1988 y Octavio Anastasio Hernández, nacido el 24 de julio de 1998.».

«Mi nieto Luis Hafid Hernández Peñaloza, nacido el 21 de junio de 1996, es el hijo mayor de mi hijo Jorge y vive en España desde muy pequeño. Pese a la distancia, siempre lo recuerdo con mucho cariño».

«Con mi hijo Jorge durante un descanso del rodaje de la película "En la tormenta" en bosque El Ajusco, Ciudad de México. 1980».

«Mi hijo Jorge con mi nieta Natalie Rosemary Hernández Barrantes, nacida el 12 de septiembre de 2005».

«Con mi nieta Brenda Olivia Hernández en México».

«Con mi nieto Robin José Briones Hernández, nacido el 6 de abril de 1986. Robin es hijo de mi hija Gloria María Hernández».

«Mi bisnieta Emily Emerson Delgadillo Medrano, nacida el 27 de mayo de 2011. Emily es hija de mi nieto Larry Emerson Delgadillo, conocido en el mundo del rock solo como Larry Emerson».

El niño Huguito Daniel Ramírez Hernández, hijo de su nieta Brenda Hernández. Huguito nació nueve meses después del fallecimiento de Hugo Hernández Oviedo, el 2 de abril de 2020, y sus padres le pusieron el nombre en su homenaje. [Nota de la editora].

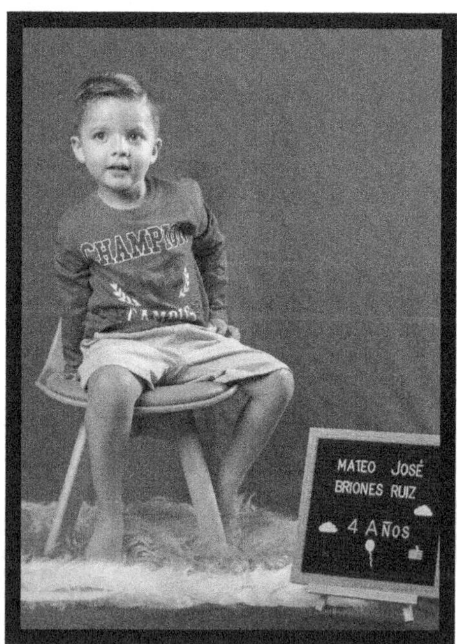

«Mi bisnieto Mateo José Briones Ruiz, nacido el 5 de diciembre de 2016. Mateo es hijo de mi nieto Robin Briones y su esposa Sara Ruiz».

Esta foto fue tomada el 13 de junio de 2019 en la Parroquia Sagrado Corazón de Jesús del barrio Monseñor Lezcano en Managua, luego de la misa para celebrar los 60 años de matrimonio de don Hugo Hernández Oviedo y doña Olivia Iglesias. Un mes después, el 13 de julio, Hugo Hernández cumplía tres días de fallecido. [Nota de la editora].

Hugo Hernández Oviedo falleció el 10 de julio de 2019 mientras se escribía esta memoria autobiográfica. Nicaragua perdió a un gran artista, pero dio la bienvenida a un mito. [Nota de la editora].

ÍNDICE

Este libro es una producción de Cinéma Éditions,
miembro de la Unión Editorial Centroamericana.

Impreso en Estados Unidos
por Cinéma Éditions

MMXXIII

Made in the USA
Monee, IL
07 July 2026